فلسفة التفكير

ونظريات في التعلم والتعليم

فلسفة التفكير

ونظريات في التعلم والتعليم

دكتـــور
فارس الأشقر

الطبعة الأولى

1431هـ-2011م

المملكة الأردنية الهاشمية

رقم الإيداع لدى دائرة المكتبة الوطنية

(2010/6/2105)

يتحمل المؤلف كامل المسؤولية القانونية عن محتوى مصنفه ولا يعبّر هذا المصنف عن رأي دائرة المكتبة الوطنية أو أي جهة حكومية أخرى.

المتخصصون في الكتاب الجامعي الأكاديمي العربي والأجنبي

دار زهران للنشر والتوزيع

تلفاكس : 5331289 - 6 - 962+، ص.ب 1170 عمان 11941 الأردن

E-mail : Zahran.publishers@gmail.com

www.darzahran.net

فهرس المحتويات

الموضوع	الصفحة

مقدمة الكتاب............ 7

الفصل الأول

مقدمة في التفكير ، ويندرج تحتها :

مقدمة عامة عن التفكير............ 13

تعريف التفكير فلسفياً وتربوياً............ 15

الآراء الفلسفية في التفكير............ 17

التفكير الإسلامي............ 21

أهمية تعليم مهارات التفكير وتعلمها............ 25

معايير عالمية في التفكير............ 26

مسلمات حول عملية التفكير............ 28

خصائص التفكير............ 29

مستويات التفكير............ 30

أدوات التفكير............ 31

العوامل التي تؤثر في عملية التفكير............ 31

النظريات المفسرة لعملية التفكير............ 32

الفصل الثاني

أنماط ومهارات التفكير والتطبيقات ، ويندرج تحتها:

أنماط التفكير............ 37

5

فهرس المحتويات

مهارات التفكير 43

تصنيف مهارات التفكير.. 50

البرامج الخاصة بتعليم مهارات التفكير 58

أهم مهارات التفكير الموجه: التفكير الاستدلالي، التفكير الحدسي، التفكير الناقد، التفكير الابداعي(الابتكاري)، التفكير وحل المشكلة ،التفكير وتكوين اكتساب المفاهيم ، التفكير ومهارات واستراتيجيات ما وراء المعرفة 69

بعض التطبيقات على مهارات التفكير الموجه 109

الفصل الثالث

نظريات في التعلم و التعليم ، ويندرج تحتها :

تعريف التعلم 125

مفهوم التعلم كمفهوم افتراضي.. 127

نظريات علم النفس في التعليم (سيكيولوجية الاشراط، سلوكية واطسون، الاتجاه الترابطي، التعليم الاجرائي، التعلم الاجرائي، الاتجاه المعرفي في التعلم: الجشتالطت، بياجيه، أوزبل 129

كيف تحدث عملية التفكير ضمن النظرية المعرفية؟..................................... 139

6

مقدمة الكتاب

صمم هذا الكتاب ليكون فريداً من نوعه، وذلك لأنه جمع بين الفكر الفلسفي في عملية التفكير- الناتجة عن المعرفة العقلية والحسية لبعض المفكرين أو الفلاسفة من قبل أفلاطون - وأنماط التفكير ومهاراته المستنتجة من المدارس التي اهتمت بالتفكير العلمي والفلسفي والتربوي على حد سواء، ونظريات التعلم ، مع الاشارة إلى التفكير في الفكر الإسلامي، وهذا الجمع ما كان ليصبح واقعاً ملموساً إلا بمشيئة اللـه العظيم ، ثم بسبب التركيبة الفكرية للمؤلف في علوم التربية والفلسفة والشريعة الإسلامية .

ولا يدعي المؤلف أنه قد أحاط بكل أمر اتصل بعملية التفكير ، لأن هـذا محـال ، ولكنـه حاول الربط بين الأصول الفلسفية لعملية التفكير ، والنظريات الحديثة التي فسرت عمليـة التفكير وكيفية حدوثها ، وما نتج عنها من أنماط ومهارات تفكير متعـددة، وما صاحب ذلـك من عمليات تعلم وتعليم تفيد الطالب الجامعي ، والمعلم ، وأستاذ الجامعة ، وكل عاقل مفكر في هذا العالم المترامي الأطراف .

وقد جاءت فصول الكتاب على النحو الآتي:

الفصل الأول : مقدمة في التفكير ، ويندرج تحته :

- مقدمة عامة عن التفكير

- تعريف التفكير فلسفياً وتربوياً

- الآراء الفلسفية في التفكير

- التفكير الإسلامي

- أهمية تعليم مهارات التفكير وتعلمها

- معايير عالية في التفكير

- مسلمات حول عملية التفكير

- خصائص التفكير

- مستويات التفكير

- أدوات التفكير

- العوامل التي تؤثر في عملية التفكير

- النظريات المفسرة لعملية التفكير .

الفصل الثاني : أنماط ومهارات التفكير والتطبيقات ، ويندرج تحتها:

- أنماط التفكير

- مهارات التفكير

- تصنيف مهارات التفكير

- البرامج الخاصة بتعليم مهارات التفكير

- أهم مهارات التفكير الموجه : التفكير الاستدلالي ، التفكير الحـدسي ، التفكير الناقد ، التفكير الابداعي(الابتكاري)، التفكير وحل المشكلة ،التفكير وتكـوين اكتساب المفاهيم ، التفكير ومهارات واستراتيجيات ما وراء المعرفة .

- بعض التطبيقات على مهارات التفكير الموجه

الفصل الثالث : نظريات في التعلم و التعليم ، ويندرج تحتها :

- تعريف التعلم

- مفهوم التعلم كمفهوم افتراضي

- نظريات علم النفس في التعليم (سيكيولوجية الاشراط، سلوكية واطسون ، الاتجاه الترابطي ، التعليم الاجرائي، التعلم الاجرائي ،الاتجاه المعرفي في التعلم : الجشتالطت ، بياجيه ، أوزبل .

- كيف تحدث عملية التفكير ضمن النظرية المعرفية؟.

الفصل الأول
مقدمة في التفكير

الفصل الأول

مقدمة عامة في التفكير

تميز الإنسان عن جميع الكائنات الحية في العالم الفيزيقي (الفيزيائي أو المادي) بالتفكير، والتفكير بشكله العام عبارة عن عمليات داخلية تتم داخل الفرد من خلال مكونين رئيسين أحدهما مادي، وهو العقل، والآخر معنوي، وهو النفس، والأول أقل تعقيدا من الآخر، لأن متعلقه الماديات، فهو يتصل ويتفاعل مع الحواس من خلال العالم الخارجي (البيئي)، فالبيئة تنعكس على عقل الإنسان، وقد يستجيب لها (يستجيب للمؤثرات الحسية في البيئة)، ويقوم الإنسان بعمليات عقلية أبرزها : التفكير القياسي بنوعيه الاستنتاجي والاستقرائي، والتفكير الناقد، والتفكير الابداعي (الابتكاري)، والتفكير الحدسي، وغيرها من أنواع التفكير التي تتضمن مهارات عقلية متعددة كالتفسير والتحليل والتركيب والتقويم.

وأما النوع الثاني الأكثر تعقيدا في التفكير، فهو التفكير النفسيـ الذي يشير إلى عمليات التفكير ماوراء المعرفية لينظر العقل إلى الميتافيزيقيات والغيبيات ويحاول تفسيرها وفهمها من خلال الاعتماد على المعرفة الفيزيقية كما حدث مع الفلاسفة الذين فسروا الوجود والحقيقة، واستدلوا من العالم الفينيمولوجي (عالم الظواهر) على العلم الغيبي كمعرفة اللـه تبارك وتعالى.

ومن هنا ظهرت عدة مدارس تربوية ونفسية فسرت عملية التفكير التي تحدث لدى الإنسان، بعضها تبنى النوع الأول كالمدرسة السلوكية، والبعض الآخر تبنى النوع الثاني كالمدرسة الجشطالطية.

وبناء على هذه المقدمة في فلسفة التفكير أرى أنه لا يمكن للتفكير أن يكون منفصلا أو مستقلا عن النوعين آنفي الذكر، أي أنه لا يمكن عزله عن الواقع البيئي أو السياق الاجتماعي من جهة، ولا يمكن عزله عن العالم الميتافيزيقي الغيبي من جهة أخرى، وعلى سبيل المثال فإن السياق الاجتماعي يفرض على العقل الإنساني في تفكيره الالتزام الأدبي أو التبعية، وهذا ليس عيبا إذا كان هذا السياق الاجتماعي ناشئ عن قيم إيجابية مستمدة من فكر علوي كالفكر الإسلامي.

وبناء على ما تقدم، اصبح للتفكير ديناميةُ المتغير التابع أو المتغير الوسيط الذي ينتصف بين البيئة الاجتماعية المادية وبين العالم العلوي، أو إن شئت قلت بين الفلسفة المادية البرجماتية وبين الفلسفة المثالية، ولذلك فإن للتفكير أهمية وضرورة بالنسبة للإنسان، و (للطالب على وجه الخصوص) تتجلى في تفسير الرموز، لأن الثقافة في أعمق معانيها تشير إلى الرموز التي تمثلت في الماضي أو الحاضر أويمكن تمثيلها في المستقبل، وهذا يعني ان مسألة الزمان والمكان لا يمكن فصلهما أو اخراجهما البتة عن عملية التفكير، ومن خلال التفكير يربط الطلبة الأزمنة الثلاثة ليفسروا ويحللوا الحوادث والوقائع، ويتنبؤون في المستقبل كذلك.

والتفكير يجعل من الطالب إنسانا مرنا محافظا على أصوله ومبادئه، وينظر إلى عصره مبتكرا ومستخدما لتكنولوجيا المعلومات في بيئته وحياته، ويتعلم الطلبة من التفكير المهارات الكثيرة كالربط والاستنتاج والمقارنة والتفسير والتحليل والتأمل والتوقع وحل المشكلات لإمكانية التعامل مع البيئة الجامعية وحل معضلاتها.

والتفكير يثير النقد ليستطيع الطلبة وضع المعايير الملائمة لنقد موقف أو دراسة ما، والتفكير الناقد حتما يوصل إلى التفكير الابداعي الذي يبتكر الطلبة من خلاله أمورا جديدة تفيد مجتمعهم، بل تفيد ثقافة العالم أجمع.

تعريف التفكير

عرّف الدارسون التفكير تعريفات عدة كلها تندرج تحت مستويين أحدهما معرفي والآخر وجودي، فالأول يبحث في معارفنا عن العالم من خلال العمليات العقلية والأنشطة الذهنية المستخدمة عبر الاحساسات، وهذا يتصل بالظاهر والعالم المشاهد،والآخر يحاول البحث في الميتافيزيقيات من خلال مصادر المعرفة غير المادية، وأهمها النصوص المقدسة.

ويعرف التفكير على أنه : عمليات عقلية يتم عن طريقها معرفة الكثير من الأمور وتذكرها وفهما وتقبلها. (**wilson,2003**)

والتفكير نشاط عقلي واعي يعكس فيه الإنسان الواقع الموضوعي بطريقة مختلفة تماما عما يحدث في الاحساس والادراك، وهو عملية عقلية معرفية يتم من خلالها انعكاس العلاقات والروابط بين الظاهرات والأشياء في وعي الإنسان. (الشرقاوي،1989، 189)

وحتى يمكن أن يكون لمعرفة واقع موضوعي (يمكن أن تكون على صلة بموضوع،ويكون لها دلالة ومعنى، يجب أن يكون من الممكن أن يعطى الموضوع بطريقة ما، ومن دون ذلك تكون الأفاهيم فارغة)(كنط،ترجمة: موسة وهبة،بدون سنة،125)

والمقصود من هذه الفقرة : تتحقق المعرفة بواسطة العقل الذي يستقبل المعارف من خلال الواقع أو التجربة،إذ يقوم العقل (الأفهوم) باضفاء الفهم

على المادة أو الموضوع، ويعطيها معنى، وبدونه تصبح المعارف فارغة أو جوفاء، ومن هنا فإن المعرفة تبدأ من التجربة أو الواقع الموضوعي، ولا يعني ذلك أن كل معارفنا قائمة على التجربة لوجود التصورات الذهنية المعتمدة على المقولات العقلية.

والتفكير بالمعنى العام يشمل كل أنواع النشاط العقلي أو السلوك المعرفي الذي يتميز باستخدام الرموز من حيث تمثل الأشياء والأحداث، ويعني : معالجة الأشياء والأحداث عن طريق رموزها بدلا من معالجتها عن طريق النشاط الظاهر، والرموز تتضمن الصور الذهنية، والمفاهيم، والكلمات، والأعداد، والإيماءات، والتصور الحركي، والتوترات العضلية، ويتضمن كذلك الإدراك الحسي، ويتضمن التعلم، وهو يعتمد على خبراتنا التي تعلمناها سابقا، وأثناء عملية التفكير نقوم بتنظيم معلوماتنا السابقة بطرق جديدة بحيث نتعلم من ذلك أشياء كثيرة لم نتعلمها من قبل، ويلاحظ ذلك بوضوح في حل المشكلات والتفكير الابداعي.(محمد نجاتي، 1979، ص251-252)

ولقد وردت عملية التفكير كوصف عام في معجم علم النفس لفاخر عقل، كما يلي :

- تقليب النظر في الحياة الماضية داخليا.

- سلسلة من الأفكار.

- عملية إثارة فكرة، أو أفكار ذات طبيعة رمزية مبدؤها عادة وجود مشكلة، وتنتهي باستنتاج، أواستقراء. (نبيل عبد الهادي، 1991، ص16)

وبناء على ما تقدم، فإنني أرى أن التفكير هو : أنشطة عقلية وذهنية مرتبطة بالمثيرات الخارجية ورموزالثقافة العامة للفرد من ناحية، ومن ناحية أخرى يرتبط التفكير بكل ما خفي أو غاب عن العقل البشري.

الآراء الفلسفية في التفكير:

إرتأيت في هذا المؤلف أن أتحدث عن فلسفة التفكير من خلال السؤال التالي : من أين حصل الآخرون على المعرفة ؟ للإجابة عن هذا السؤال أرى أن أشير إلى بعض الآراء الفلسفية حول رؤيتهم إلى المعرفة بإيجاز غير مخل، ومن ثمة الاشارة إلى الفكر الإسلامي الذي فيه حياة للمؤمنين.

الفلسفة حدها وماهيتها أنها العلم بالموجودات بما هي موجودة، وغايتها البحث عن الحقيقة بحثا مطلقا مجردا عن الغايات، والأحوال العاطفية، والاجتماعية، والمادية، ونشأتها قديمة جدا لما بدأ العقل الإنساني يتساءل عن أسباب المظاهر الطبيعية، وعن الوجود نفسه، وعن الحقيقة بعينها، والسؤال عن الألوهية والخلود.

بدأ التفكير الفلسفي المنظم في اليونان منذ أواخر القرن السابع قبل الميلاد، وكان أقدم المذاهب الفلسفية المذهب الأيوني، وقد حاول أتباعه رد الأجسام المختلفة إلى أصل أساسي،أو عنصر واحد، وزعموا بعضهم أنه الماء،أوالهواء، أو النار،أو التراب، وأجمعوا على أنه لا ينشأ شيئ من العدم، ولا ينعدم شيئ موجود، وقالوا بالشمول، وذلك في أن هذا العالم روحا واحدة تسوده وتنظمه، وبالتالي، فإن مجموع الوجود هو الله.

وجاء المذهب الإيلي، وخالفوا الأيونيين، وقالوا أن الوجود ثابت لا يتبدل، ولا يستحيل بعض العناصر إلى بعض، وأن ما نراه من تبدل الأشياء إنما

هو خداع من البصر، وأن العقل يدرك الوجود ثابتا غير متحرك، وأن الوجود يتألف من العناصر الأربعة كلها (الماء والهواء والتراب والنار)، ولقد أصاب الإيليون حينما قالوا أن لهذه العناصر صفات ثابتة لا تتبدل، وإن بعض هذه العناصر لا يستحيل بعضها إلى بعض أبدا.

وجاء المذهب الذري الذي قال بأن الذرة أو الجوهر الفرد نوع واحد من مادته، ولكن له أشكالا كثيرة، وتتألف الاجسام المختلفة من ذرات لا تتجزأ تختلف بين جسم وآخر في شكلها وحجمها وترتيبها ووضعها.

وفي القرن الخامس قبل الميلاد ظهر السفسطائيون بإسلوب الجدل في طبيعة الإنسان واستعداداته الشخصية، وجادلوا في التربية والأخلاق، وقالوا بنسبية الأشياء، فليس ثمت شيئ خير في نفسه،أو شر في نفسه، وإنما هو خير أو شر، والسفسطة أصبحت تعني : تمويه للحقائق مع فساد في المنطق. (عمرفروخ،1981، ص17-26)

وكان آخر السفسطائيين سقراط الحكيم، وقد اعتقد مع السفسطائيين في الاهتمام بالإنسان وحده، ثم خالفهم في أنه جعل قيمة الأشياء مطلقة، ويمتاز الأسلوب السفسطائي في الجدل في الرد على السؤال بسؤال من جنسه ليثير التفكير في السائل، وكان يستخدم البحث الاستقرائي بأن يبدأ باستنتاج الآراء من الملابسات، وينتهي بوضع حدّ (تعريف) للمشكلات الاجتماعية والشخصية لكي يكون للكلمات مدلولها.

ثم جاء أفلاطون، واستخدم الاستقراء أيضا في محاوراته، ونظم الجدل من خلال ميله إلى عرض آراء المتقدمين، وتنظيمها من أدنى المحسوسات المادية التي هي في تغير مستمر، والتي لا تعرف إلا بالتجربة الشخصية المباشرة إلى المبادئ المطلقة التي هي ثابتة (عالم المثل) لأنها مفارقة أو مجردة عن المادة، ولا

سبيل إلى معرفتها إلا بالعقل (التفكير الخالص)، ومناقشتها، وهو يعتقد بأن الحقيقة صورة للأحوال العارضة في الحياة.

ثم جاء أرسطو،واعتقد أن المعرفة إنما تنتج من صلة التفكير بالآراء ثم من الصلة بين هذه الآراء، وبين النتائج والأدلة على النتائج، وكان يرى بخلاف أستاذه أفلاطون أن ثمت وجودا واحدا هو الوجود الطبيعي المادي الذي نحسه وندركه،وهو موجود منذ الأزل، ولكن هذا العالم منقسم إلى قسمين : عالم ما فوق فلك القمر، وهوعالم لا متناه ولا يتبدل ولا يتغير، وعالم ما دون فلك القمر، وهو العالم المحدود، هذا العالم متناه من حيث الامتداد، ولكن ليس لمادته نهاية من حيث الزمن، وفرض وجود الهيولى (المادةالأولى) وجعلها أزلية. (مرجع سابق،1981،ص28-65)

نلاحظ أن التفكير عند أرسطو يقوم في أساسه على الحس، ويستمد مادته من المحسوسات، وعمل العقل تكوين الصور العامة المطلقة من أعيان الموجودات، أي خروج الممكنات من القوة إلى الفعل.

وجاءت فلسفات متعددة بعد أرسطو كالمذاهب المغلبة، ومنها المذهب الكلبي، والمذهب القورينائي، والمذاهب المتناقضة كالمذهب الأفيغورسي (اللذة)، ومذهب الشك، ومذهب التخير----الخ.

وفي العصر الحديث والمعاصر، ظهر التفكير الفلسفي من خلال مذهب الشك المنهجي الديكارتي العقلي (أن أفكر إذا أنا موجود) ليفسر العلاقة بين النفس والجسد من خلال حكم العقل، وظهرت فلسفات كثر مثالية، وطبيعية، وواقعية، ونقدية، واجتماعية، وبرجماتية معتمدة إلى حد ما – حسب تقديري- على الفلسفات القديمة (أفلاطون وأرسطو) لتفسير الواقع والوجود وإدعاء الحقيقة، ومعرفة القيم، وكل هذه الفلسفات اعتمدت عليها النظريات الحديثة

في التربية وعلم النفس مع الطابع التطويري والتجريبي لها، وهذه الفلسفات الكثر فسرت لنا العلاقة المنطقية في التفكير بين المحسوسات والمعقولات،أو الخط المتصل بين الجسد كعضو مادي وبين العقل كمركز للمعرفة، ولكنها أخفقت في رأيي في تفسير العلاقة بين النفس والجسد،لأنها بطبيعة الحال تعتمد على العقل البشري القاصر والمحدود، ومن هنا جاءت الأديان السماوية لتضيف نوعا آخر من مصادر المعرفة،بل أهمها، وهو الوحي، وبذلك تستكمل المعرفة الإنسانية بالمعرفة القادمة من السماء.

وتظهر لنا المعرفة في أوجها وبلوغها تعظيما من خلال اكتمال العقل البشري في أول نزول من وحي السماء جبريل -عليه السلام - على معلم البشرية الخير، والأخلاق الفاضلة سيدنا محمد -صلى الله عليه وسلم من خلال ربط العالم السفلي المادي المستند إلى الحواس بمفهومه الفلسفي بالعالم العلوي الخالد.

إن القرآن العظيم دعا الناس جميعا إلى التفكير والتأمل والبحث العلمي، والسيطرة على الكون، وتحقيق القوة والخلافة الإسلامية، والدعوة إلى الحق والفضيلة، وحرية الفكر، ونبذ العصبيات بأنواعها المختلفة لبناء عالم راق من الأمم كلها.

والقرآن العظيم المنزل من عند الله الحليم رب السماوات ورب الأرض رب العرش الكريم هو الذي وصف الماضي من خلال الحديث عن الأمم البائدة، ووصف لنا المستقبل من انتصار الحق على الباطل، ووصف لنا الغيب من دار المقامة أو دار الشقاء للمجرمين أولوالطول في كل زمان ومكان، وبهذا الوصف فلا يوجد مصدر للمعرفة يضاهي هذا المصدر، لأنه من خارج العالم المتصل بالحواس وبالتفكير الإنساني.

والتفكير الإسلامي يقوم على الإيمان بأهمية الأنسان، وهو مبدأ أكده الإسلام قبل أن تؤكده النظريات الفلسفية والتربوية والسياسية والاجتماعية والاقتصادية الحديثة. فقد اهتم الإسلام والفكر الإسلامي بوضوح بكافة الجوانب المتعلقة بمصدر وسر وجوده والغاية من حياته والمصير الذي ينتظره في حياته الأخرى، كما فحصا الكثير من خصائصه ومميزاته ومكونات شخصيته، ووجهاه إلى ما ينبغي أن تكون عليه علاقته بربه، وبنفسه، وبأفراد أسرته، و بأفراد مجتمعه، وأمته الإسلامية بالإنسانية عامة، وبكل ما في هذا الكون من موجودات.

والإنسان كمفهوم في نظر المفكرين المسلمين روح قبل أن يكون جسدا، والجسد منه تابع وخادم للروح، وذلك كامن في أصل فطرته منذ أن خلقه الله عز وجل، ونفخ فيه الروح من عنده، وكرمه بالعقل وفضله بنعمة العلم.

وموت الكائن الحي لا يعني نهاية حياته تماما، وإنما هو يعني تحوله من حالة إلى حالة، ويرى حجة الإسلام أبو حامد الغزالي أن العقل لا يتغير بالموت، وإنما يتغير البدن والأعضاء، فيكون الميت عاقلا مدركا عالما بالآلام واللذات،كما كان، لا يتغير من عقله شيء وليس العقل المدرك هذه الأعضاء، بل هو شيء باطن، ليس له طول ولا عرض، بل الذي لا ينقسم في نفسه هو المدرك للأشياء، ولو تناثرت الأعضاء كلها، ولم يبق إلا الجزء المدرك لا يتجزأ ولا ينقسم لكان الإنسان العاقل بكماله قائما باقيا وهو كذلك بعد الموت، فإن ذلك لا يحله الموت، ولا يطرأ عليه العدم.

وقد صح عن النبي -صلى الله عليه وسلم- أن (الميت يسمع قرع نعالهم إذا ولوا مدبرين)، وقد لخص النبي صلى الله علي وسلم- ذلك كله بقوله:(الجنة أقرب إلى أحدكم من شراك نعله والنار مثل ذلك).

وإذا كانت شخصية الإنسان تبقى رغم موته، مثلما تبقى في نومه، فإن معنى ذلك أن الحياة الدنيا التي عاشها الإنسان قبل موته، تنتقل معه إلى حياته في قبره وإلى مابعد هذه الحياة، فإن (حياتنا الماضية موجودة كلها، بأدق تفاصيلها، ونحن لا ننسى ـ شيئا، وكل ما أدركناه، وفكرنا فيه وأردناه، منذ بزوغ شعورنا، يظل موجودا إلى غير نهاية). (أحمد عبد الرحمن آخرون،1987،ص133-134)

ويجدر بي في هذا المقام، وأنا أتحدث عن التفكير الإسلامي أن أضيئ الحديث، وأزين الكلام عن مناهج البحث عند المسلمين، لأنه يحتاج الكشف عن حقيقة علمية، أو بيان حكم شرعي في مسألة معينة، أو الحكم على قضية منطقية إلى منهج محدد يتبعه العالم للتوصل إلى حل المشكلة أو القضية قيد البحث.

والمنهج هو : الطريق الذي يسلكه العالم في تقصيه للأمور في أي فرع من فروع المعرفة، وفي أي ميدان من ميادين العلوم النظرية والعملية، وقد امتازت مناهج البحث عند المسلمين بالميزات التالية:

1. ربانية الغاية : ويقصد بذلك أن الدافع إلى البحث لدى المسلمين هو امتثال أمر الله عز وجل وطلب مرضاته حيث جعل طلب العلم فرضا على كل مسلم ومسلمة، ودعا الإسلام الإنسان إلى التفكير في الظواهر الكونية، وربط الأحداث بعضها ببعض للتوصل إلى النتائج.

2. الواقعية: حث الإسلام على الأمور ذات الصلة بواقع الحياة، بحيث يمكن للعقل البشري إدراكها، أما عالم الغيب، فلم يكن من الأمور الخاضعة للبحث العلمي، لأن الإنسان لا يصل فيه إلى نتيجة بعقله

المجرد مثل الجنة والنار والملائكة، ويعتمد المسلمون في أمور الغيب على الوحي الذي هو المصدر الوحيد لها، وقد أومأت إلى ذلك سابقا.

3. الموضوعية : يؤكد الإسلام على أن الباحث يرى الحقيقة كما هي لا كما يريد أن يراها (البعد عن الذاتية في البحث)، ومعنى ذلك أنه ينبغي على الباحث العودة إلى مصادر المعرفة في الثقافة الإسلامية. (وزارة التربية والتعليم، كتاب العلوم الإسلامية للمرحلة الثانوية، 263-264)

4. الإيمان بأن للمعرفة مصادر كثيرة ومتنوعة : التجربة، والخبرة المباشرة ، والملاحظة الحسية، والتجارب العلمية، والقراءة والاطلاع على تجارب السابقين، والتأمل والتفكير العقلي، والوحي الإلهي، وهذه المصادر كلها يمكن إرجاعها إلى خمسة مصادر رئيسية،هي : الحس والعقل والحدس والالهام والوحي، والتفكير الإسلامي يعترف بهذه المصادر جميعا، ويقدر أهمية كل منها في مجال المعرفة الذي يناسبه. (محمد العمايرة، 2000،ص29)

وقد أرسى الإسلام قواعد المنهج العلمي في البحث وتقصي حقائق المعرفة ضمن مناهج وأساليب وإجراءات تشكل في مجموعها منهجا علميا محددا، يجب التقيد به أثناء البحث والاستقصاء عن حقائق العلوم. وقد تنوعت مناهج العلم، وتعددت بتنوع العلوم ، فهناك العلوم الإنسانية التطبيقية وغيرها، ولكل منها منهجه الخاص في البحث للوصول إلى حقائقه، وقد وضع المسلمون قواعد البحث في اللغة والتفسير والحديث، والجغرافيا

والتاريخ، والكيمياء والفلك والنبات، وبذلك يكون الفكر الإسلامي قد درس كل مناهج البحث.

وسأضرب أمثلة على المنهج التجريبي في الفكر الإسلامي من علم أصول الفقه، ومن العلوم التطبيقية بعد قليل، وهذا المنهج يستند في تحليلاته إلى ثلاثة أمور : الملاحظة ووضع الفروض والتجربة، فهو يبدأ بملاحظة الظواهر ووضع الفروض التي تحدد نوع الحقائق التي يجب البحث فيها وإجراء التجارب بحيث ينتهي التحقيق إما بصحة الفروض أو بطلانها، ومن ثم يصل الباحث إلى قوانين عامة تربط تلك الظواهر وتوحد بينها.

ويعتمد المنهج الاستقرائي على الأدلة التي تساعد على إصدار تعميمات محتملة الصدق، فالباحث يبدأ بملاحظة الجزئيات والوقائع المحسوسة، ومن ثم يصدر نتيجة عامة عن الفئة التي تنتمي إليها هذه الجزئيات.

وأما الأمثلة، فهي :

1. يبين علماء أصول الفقه أن الوصول إلى علة الحكم يقتضي ـ النظر في النص بحيث يدل النص في القرآن الكريم أو السنة النبوية على علة الحكم، كما في إيجاب أخذ الفيئ للفقراء والمساكين، وعلة هذا الحكم هي عدم حصر المال في أيدي فئة معينة كما قال تعالى: (كي لا يكون دولة بين الأغنياء منكم) (سورة الحشر، آية 7)

ويبين العلماء القيام بحصر الأوصاف الصالحة لأن تكون علة في الأصل، ويكون هذا الطريق في النصوص التي لم يرد فيها نص، فيقوم المجتهد بحصر الأوصاف التي توجد في واقعة الحكم، وتصلح لأن تكون العلة منها، ويختبرها وصفا وصفا، بحيث يستبعد الأوصاف التي لا تصلح أن تكون علة، ويستبقي

ما يصلح أن يكون علة، وبهذا الطريق يتوصل إلى الحكم بأن هـذا الوصـف هـو علـة الحكم، وهذا يسمى بالسبر والتقسيم في علم أصول الفقه.

وينظر المجتهد في تحقق العلة الثابتة بالنص في واقعة غير التي ورد فيها النص، وإعطائها الحكم نفسه، فمثلا يبحث المجتهد – بعد أن يثبت أن الاسكار علـة تحـريم شرب الخمـر – في تحقق الاسكار في نبيذ آخر، فإن تحقق أخذ النبيذ الآخر حكم الخمر، وهذا ما يسمى بتحقيـق المناط في علم أصول الفقه.

2. يصف الحسن بن الهيثم طريقته في البحث، فيقول : (ونبتـدئ في البحـث باستقراء الموجودات، وتصفح أحوال المبصرات، وتمييز خواص الجزئيات، ونلحظ باسـتقراء مـا يخص البصر في حال الابصار، وما هو مطرد لا يتغير، وظاهرة لا يشـتبه مـن كيفيـة الاحساس، ثم نترقى في البحث والمقاييس بالتدرج، والترتيب مـع انتقـاد المقدمـات، والتحفظ في النتائج)، مع البعد عـن الميـل واتبـاع الهـوى. (وزارة التربيـة والتعليـم، كتاب العلوم الإسلامية للمرحلة الثانوية، 160-163)

أهمية تعليم مهارات التفكير وتعلمها

يوجد عددا من المبررات للاهتمام بالتفكير ومهاراتـه في الحيـاة العامـة بوجـه عـام، وفي المدرسة بوجه خاص، ومن هذه المبررات :

1. تنشئة المواطن الذي يستطيع التفكير بمهارة عاليـة مـن أجـل تحقيـق النتاجـات المرغوب بها.

2. تنشـئة المـواطن المميـز بالتكامـل مـن جميـع النـواحي الجسـمية والفكريـة والوجدانية والاجتماعية، وتنمية قدرته على التفكير الناقد والابداعي والمسـتقبلي وصنع القرارات وحل المشكلات.

3. الفهم العميق للغة بصورة خاصة، وللحياة بصورة عامة.

4. تقييم آراء الآخرين في المواقف المتنوعة، والحكم عليها بدقة عالية الجودة.

5. تعزيز عملية التعلم والتعليم والاستمتاع بهما.

6. تحليل وجهات نظر الآخرين وتقبل آرائهم وأفكارهم.

7. اثارة التفكير أثناء العمل بروح الفريق الواحد.

8. معالجة الموضوعات والأحداث البعيدة والغائبة بطريقة رمزية.

9. التنبؤ بالأشياء والأحداث التي قد تحدث في المستقبل.

10. تقويم تحصيل الطلبة من قبل المعلمين والأساتذة في المدرسة والجامعات بحيث نصل إلى انتاج الطالب إلى مستوى عـال مـن الكفـاءة، ومـن ثـم أداء الخـدمات بفاعلية في سوق العمل.

11. استخدام العمليـات العقليـة العديـدة مـن التفسـير والتأويـل والمقارنـة والسـبر والتحليل والتركيب والتطبيق والنقد لبناء المعنى في عملية التعلم والتعليم.

معايير عالمية في التفكير

1. معيار الوضوح :

يشمل هذا المعيار طرح السؤال أو الفكرة الواضحة والمحددة، والخاليـة مـن التناقض، والأغلاط المنطقية الأخرى، كالإجابة على المطلوب، والاستدلال على النتائج من المقدمات.

وقد تكلم علماء العقيدة والفقهاء والفلاسفة منذ القدم عن أهمية معيار الوضوح كما جاء في منهج أبي حامد الغزالي، والفيلسوف العقلي ديكارت من طرح الشك، ووضوح الفكرة، وعلى ذلك فإن الاختلافات بين الناس تكمن في عدم وضوح الأفكار عند طرحها،لأنها قد تحتمل معان كثيرة.

ويشير معيار الوضوح إلى أهمية الأسئلة التالية:

- هل يمكن تفصيل القضية المطروحة للنقاش بشكل أكبرأو طريقة أفضل؟
- هل يمكن التعبير عن القضية المطروحة بطريقة أخرى، أو بصيغ أخرى؟
- هل يمكن رسم مخططات توضيحية،أو عمل أشكال ؟
- هل يمكن طرح أمثلة حول القضية المطروحة.

2. معيار الصحة أو الدقة:

يجب أن تكون الجملة أو العبارة صحيحة وحقيقية، وقد تكون العبارة صحيحة ولكنها ليست دقيقة، ومثال ذلك: كثير من المشرفين التربويين ينفذون الزيارة الصفية عند المعلمين، فهذه الجملة صحيحة ولكنها غير دقيقة، لأن بعض هؤلاء المشرفيين الذين ينفذون الزيارات الصفية ينفذونها شكلا لا مضمونا.

3. معيار الدقة المتناهية:

ويتم ذلك من خلال اعطاء تفاصيل أخرى للجملة أو القضية المطروحة للنقاش من خلال اعطاء مزيد من الأرقام الاحصائية، ومثال ذلك: زاد استخدام الانترنت في الوطن العربي بين الناس من كافة الأعمار، لكانت هذه

العبارة صحيحة وواضحة، ولكنها لا تتمتع بالدقة المتناهية إلا من خلال التفاصيل الاحصائية.

4. **معيار العلاقة:**

العلاقة في الجملة المطروحة في السؤال ينبغي أن تكون وثيقة الصلة بالقضية أو المشكلة المطروحة للنقاش، وبمعنى آخر يجب أن تكون العلاقة بين الأشياء قوية لا ضعيفة.

5. **معيار العمق :**

كيف تعمل الاجابة على توضيح التعقيدات الموجودة في السؤال؟ وكيف يتم أخذ المشكلة في الحسبان عند طرح السؤال؟وهل يتم التعامل مع أكثر العوامل أو المتغيرات أهمية ؟ كل ذلك يحتاج إلى شرح وتوضيح حول القضية المطروحة للنقاش من خلال اقامة الندوات وسبر القضية، وتناول أبعادها المختلفة مع طرح الأمثلة عليها.

6. **معيار الاتساع :**

نحن بحاجة إلى أخذ وجهات النظر الأخرى لكي تكون القضية المطروحة للنقاش أكثر شمولية.

7. **معيار المنطقية :**

التسلسل المنطقي في الطرح، وأن يكون ذو معنى.

مسلمات حول عملية التفكير

1. إن أي تفكيريمثل وجهة نظر معينة: ووجهة النظر هذه إما أن تكون شخصية تخص شخصا معينا، أواجتماعية خاصة بثقافة معينة أو

بفلسفة معينة سواء أكانت مثالية أو عقلانية او طبيعية مادية أو برجماتية، ومـن درس الفكر الفلسفي في التربية يلاحظ هذا الأمر بعينه.

2. إن أي تفكير له أهداف أو نتاجات محددة يسعى إليها علـى المسـتوى القريـب أو البعيد، وهناك نتاجات عامة أخرى خاصة، ولا يعي مثل هذه النتاجات إلا المتمرس في تحليل المناهج الدراسية والفلسفات التربوية أو الاجتماعية.

3. إن أي تفكير يعتمد على بيانات ومعلومـات وأدلـة : وهنـا الحـديث خصوصا عـن البحث العلمي والتربوي من خلال جمع المعلومات وتفسيرها والتوصل إلى النتائج.

4. إن أي تفكير يمثل محاولة لإكتشاف شئ ما أو طرح بعض الأسئلة أو حل مشكلة.

5. إن أي تفكير يعتمد على مجموعة من الافتراضات.

6. إن أي تفكير يتم التعبير عنه أو تشكيله من خـلال الاعـتماد عـلى مفـاهيم وأفكـار سابقة، فالفكرة تنتج فكرة أخرى، كما جاء في المنهج الهيجلي.

7. إن أي تفكير له تأثيرات أو تطبيقات معينة.

خصائص التفكير

1. التفكير نشاط عقلي غير مباشر.

2. يعتمد التفكير على ما استقر في ذهن الفرد من معلومات وخبرات سابقة.

3. التفكير دالة لشخصية الإنسان، فهو جزء عضوي وظيفي من بنية الشخص وثقافته وبيئته.

4. التفكير انعكاس للعلاقات والروابط بين الظاهرات والأحداث والأشياء في أشكال لفظية ورمزية.

5. التفكير نشاط ضمني، أو خفي .

6. يرتبط التفكير ارتباطا وثيقا بنشاط عمل الإنسان.

7. ينطلق التفكير من الخبرة الحسية للفرد، ولكنه لا ينحصر فيها. (جمال علي،2005،ص10-11)

مستويات التفكير

حدد بعض الباحثين والمهتمين بالتفكير مستويين أساسيين لهذه العملية الذهنية يتمثلان بالآتي:

1. التفكير الأساسي : وهو عبارة عن الأنشطة العقلية أو الذهنية غير المعقدة، والتي تتطلب تنفيذ المستويات الدنيا من تصنيف بلوم للمجال العقلي أو المعرفي، وهي: (التذكر، والفهم، والتطبيق) مع ممارسة بعض المهارات الأخرى كالملاحظة والمقارنة والتصنيف، وهي مهارات لا بد من اتقانها قبل الانتقال إلى مستوى التفكير المركب.

2. التفكير المركب: ويمثل مجموعة من العمليات العقلية المعقدة، والتي تتطلب تنفيذ المستويات العليا من تصنيف بلوم للمجال العقلي أو المعرفي، وهي: (التحليل والتركيب والتقويم) مع ممارسة بعض المهارات الأخرى كالتفكير الناقد، والتفكير الأبداعي، وحل

المشكلات، وعملية صنع القرارات، والتفكير ما وراء المعرفي أو فوق المعرفي. (أحمـد جودت،2003،ص60)

أدوات التفكير :

1. الصور الذهنية : تتكون من خلال الخبرات الخاصة، وتمثل صور الأشياء في أذهاننا من جميع الكيفيات الحسية، وقد تكون الصور الذهنية واضحة ودقيقة التفاصيل كأن يدرك الإنسان الأشياء في الواقع، وأحيانا تكون ضعيفة ومطموسة التفاصيل.

2. المفاهيم : تلخيص لمجموعة كبيرة من خبراتنا السابقة في فكرة واحدة، أو في معنى واحد قائم على التمييز والتعميم والتصنيف.

3. اللغة : التفكير كلام باطن، أو كلام نفسي– أي تكلم نفسك أثناء التفكير، واللغة السائدة في مجتمع ما تؤثر في طريقة التفكير للإنسان. (مرجع سابق، 1979، ص 258)

العوامل التي تؤثر في عملية التفكير :

1. المعرفة السابقة : وهي عبارة عن مفاهيم ومعلومات ضرورية سابقة من الأشياء.

2. التهيؤ العقلي : يساعد على حل المشكلة، أو يعوق حلها تبعا لهذا التهيؤ.

3. الثبات الوظيفي : الاستخدامات المعروفة للأشياء وللمفاهيم، و يمكن استخدامها في طرق جديدة أو وظائف جديدة.

4. التحيز الانفعالي : ميولنا واعتقاداتنا واتجاهاتنا الفكرية تؤثر على التفكير لدينا. (مرجع سابق، 1979، 263-265)

النظريات المفسرة لعملية التفكير

من الضروري أن نتعرف على المدارس التي اهتمت بعملية التفكير، وأعطت التفسير المنهجي حسب تصور كل نظرية من النظريات النفسية،وهي:

1. المدرسة السلوكية القديمة :

ظهرت المدرسة السلوكية في أوائل القرن الماضي على يد واطسون، وقد اهتمت بدراسة السلوك الملاحظ من خلال علاقة المثير بالإستجابة،وقد رفض واطسون عملية التفكير وغيرها من العمليات الي تحدث داخل الفرد، لأن هذه العمليات لا تظهر نتائجها في صورة لفظية أو حركية، وهي بذلك رفضت أن يكون الوعي أو الشعور موضوعا لعلم النفس، كما رفضت منهج الاستبطان.

2. السلوكية الحديثة :

عدّ كلارك، رائد المدرسة السلوكية الحديثة التفكير نوع من العمليات الرمزية الداخلية التي تعتبر متغيرا متوسطا بين المثيرات والاستجابات.

3. المدرسةالبنائية :

يعدّ فوندت مؤسس لأول معمل لعلم النفس في القرن التاسع عشر، وقد أكد على أن علم النفس علم تجريبي،وموضوعه الشعور ومنهجه الاستبطان، وقام فوندت بتحليل الشعور إلى ثلاثة عناصر، هي: الاحساس، والصور الذهنية، والوجدان.

وقد أطلق علماء النفس على اتجاه فونـدت وتلميـذه تنشر اسـم المدرسـة البنائيـة، لأن تنشر حاول تفسير عملية التفكير في ضوء العناصر التي تحدث عنها فونـدت، ومـن ثـم اعتبر تنشر التفكير مكونا من احساسات وصور ذهنية، وتكتسب الاحساسات معنى من خلال الفهم أو السياق المبني علـى خبرات سـابقة لـدى الأفراد، وعـلى ذلك فإن الأفراد قـد يتفقون أو يختلفون في استجابتهم للمثيرات المتطابقة.

4. المدرسة الوظيفية:

يعدّ وليم جيمس وجون ديوي من مؤسسي هـذه المدرسـة التـي اهتمـت بالتفكير عـلى أساس أن له قيمة نفعية، أي الحصول على أنماط من الاسـتجابات لهـا قيمـة عنـد الفـرد، وقـد وضع ديوي خطوات التفكير التأملي، وهي: الشعور بالمشكلة، تحديد وتعريف المشكلة، اقتراح حلول ممكنة، استنباط ما يتضمنه الحل المقترح، إجراء الملاحظات والتجارب التي تقبـل الحـل أو ترفضه.

5. المدرسة الجشطالطية :

اهتمت مدرسة الجشطالت بعملية الإدراك والاستبصار كأساس لسلوك حل المشكلة بـدلا من مفهوم المحاولة والخطأ في تفسير عملية التعلم، ولذا فإن الفرد يدرك الأشياء بشـكل كـلي من خلال الاستبصار(إدراك الموقف ككل وتنظيم عناصره).

6. المدرسة المعرفية ونظرية تجهيز المعلومات:

اهتمت هذه المدرسة بالتفكير والفهم وفرض الفروض وحل المشكلات أكثر من اهتمامهـا بالمثيرات والاستجابات حيث أن التفكير عندهم ذو طبيعة

هرمية (للأفكار مستويات وتفريعات مختلفة)، ويرى أصحاب نظرية تجهيز المعلومات أن الإنسان يشبه الحاسب الآلي من حيث أنه نظام مركب لتجهيز المعلومات في العمليات الوظيفية، ولذلك توجد مجموعة استراتيجيات وميكانيزمات تجهيز المعلومات تحدث داخل الإنسان للقيام بوظائف معينة، وبالتالي، يمكن فهم سلوك الإنسان من خلال استخدامه لإمكاناته العقلية والمعرفية أفضل استخدام، أو قدرة الفرد على التفكير في انتاج حلول للمشكلات. (سيد عثمان، 1978، ص7-30)

الفصل الثاني
أنماط ومهارات التفكير والتطبيقات

الفصل الثاني

أنماط ومهارات التفكير والتطبيقات

في هذا الفصل سأتحدث عن مجموعة كبيرة من أنماط التفكير، ثم عن مهارات التفكير المتعددة، وعن بعض التطبيقات المهمة بمهارات التفكير ليقف عليها المتعلم، ويفهمها حتى يستطيع أن يوظفها في بحثه و تعلمه.

أنماط التفكير:

توجد أنماط عديدة للتفكير تشمل جميع جوانب العلوم الإنسانية والتطبيقية، وهي:

1. **التفكير العلمي:** وهو ذلك النمط من التفكير الذي يعتمد وجهة النظر العلمية في البحث.
2. **التفكير التجريبي أو الأمبيريقي:** وهو ذلك النوع من التفكير الذي يعتمد على التجربة، والبيانات المأخوذة من الملاحظة العلمية.
3. **التفكير المجرد:** وهي العملية التي يتم فيها تشكيل المفاهيم (الكلي أو العام) من مجموعة الجزئيات للشئ اعتماداً على الواقع الحسي أو الخبرة، ومثال ذلك: نكون مفهوم الحصان بناءً على الصفات المشتركة لكل حصان.
4. **التفكير التحليلي:** وهو ذلك النمط من التفكير الذي يقوم به الفرد بتجزئة الشيئ الكلي إلى عناصر جزئية أو ثانوية أو فرعية، وإدراك مابينها من علاقات أو روابط. التفكير التركيبي: وهو ذلك النمط

من التفكير الذي يعمل على جمع الأجزاء ووضعها في قالـب واحـد، أو مضمـون جديد، أو وحدة واحدة.

5. **التفكير المادي:** وهو ذلك النوع من التفكير الذي يؤمن بمـا تـراه أعيننا وتلمسـه أيدينا (التعامل مـع مـا هـو مـادي، ويحيط بنا وليس مـع المفاهيم أو الأفكار المجردة).

6. **التفكير المطلق:** وهو التفكير في الوجود من حيث تنـاول العقل الكلي للوجود، وهو مايسمى بالروح المطلقة في فلسفة هيجل، وقد تم تطبيق هذه الفلسفة في مجال الفكر بحيث يعني التفكير المطلق أن يكون الشخص غير متأثر بعدة أمـور من أهمها الذاتية، والتجارب العملية أو المصادر التجريبية، والخبـرات العاطفيـة، ويعمل التفكير المطلق أو التفكير الخالص على فهم الكل أكثر من فهم الأجزاء.

7. **التفكير المنطقي:** وهو ذلك النمط من التفكير الـذي يقـوم عـلى قواعـد وقوانين الفكر الذي يفترض وجود تفكير فلسفي خـال مـن الأخطـاء المنطقيـة، والـذي يعتمد على وجود استدلال النتيجة من الصور المنطقية.

8. **التفكير الفلسفي:** وهو ذلك النمط مـن التفكـير المعـرفي والوجودي مـن جانـب الفيلسوف الذي يطرح فيه قضايا الوجود والمعرفة والحقيقة والقيم، ويركـز عـلى الميتافيزيقي (ما وراء الطبيعة أو ما وراء المعرفة). (سعادة، 2001)

9. **التفكير التركيبي:** وهو ذلك النوع مـن التفكير الـذي يعمـل عـلى تأليف المـادة التعليمية في مضمون واحد وجديد، وهو عكس

التفكير التحليلي الذي يقوم على تجزئة المادة التعليمية إلى عناصر جزئية، وفهم العلاقات التي بينها.

10. **التفكير الناقد:** وهو ذلك النمط من التفكير الذي يقوم على تحليل الآراء وتفسيرها وتمحيصها ومقابلتها وعرض الأدلة وتقويمها للتوصل إلى الصواب.

11. **التفكير الإبداعي:** حاول العديد من العلماء والباحثين تعريف مفهوم الابداع على أنه الاستعداد أو القدرة على انتاج شيئ جديد،أوإيجاد حل جديد لمشكة ما. واعتقد بعضهم أنه عبارة عن الوحدة المتكاملة لمجموعة العوامل الذاتية والموضوعية التي تؤدي إلى تحقيق انتاج جديد أصيل وذي قيمة من جانب الفرد أو الجماعة، وأنه يمثل بصورة عامة عملية إيجاد حلول جديدة للأفكار والمشكلات والمناهج وطرق التدريس.(سعادة وقطامي، 1996، ص12-17)

وقد عرفه بعض الدارسين على أنه:نشاط عقلي مركب وهادف تعمل على توجيهه رغبة قوية في البحث عن حلول أو التوصل إلى نتائج أصيلة لم تكن معروفة أو مطروحة من قبل.(جروان، 1999)

1. **التفكير التشعيبي:** وهو ذلك النمط من التفكير الذي يتطلب توليد العديد من الاستجابات المختلفة للسؤال الواحد، أو المشكلة الواحدة).

2. **التفكير التجميعي:** وهو ذلك النمط من التفكير الذي يتم بواسطته تقليل عدد الأفكار المطروحة إلى فكرة واحدة أو اثنتين تمثلان

الأفضل والأدق والأكثر فائدة لإجابة السؤال الواحد المحدد، أو لحل المشكلة المطروحة للنقاش، ويحتاج هذا النمط إلى وجود معايير يستطيع الفرد في ضوئها صنع القرارات المناسبة.

3. **التفكير الاستنتاجي:** يمثل ذلك النوع من التفكير الذي يقوم على دراسة ومناقشة القواعد العامة خلال تطبيقها على القضايا الخاصة، وذلك للتحقق من صحة الأخيرة، في حين يرى باحث أخر بأنه عبارة عن ذلك النمط من التفكير الذي ينتقل فيه المتعلم من الكل إلى الجزء، ومن القاعدة العامة إلى الأمثلة الجزئية، ويعتقد ثالث على اشتمال التفكير الاستنتاجي لقدرة الفرد على تطبيق الفكرة الشاملة أو القانون العام على الحالات الخاصة الجديدة بمجرد إدراكه للصلة التي تربطها بالقانون العام، ويعتقد باحث رابع بأن التفكير الاستنتاجي يمثل عملية عقلية يرى فيها الإنسان أن ما يصدق على الكل يصدق على الجزء أيضا، بحيث يحاول الإنسان أن يبرهن على الجزء بوقوعه منطقياً ضمن حدود الكل.(سعادة،1999)

4. **التفكير الاستقرائي:** وهو ذلك النمط من التفكير الذي يصل فيه المتعلم من الجزء إلى الكل، ومن الأمثلة إلى القاعدة، ومن الحالات الفرعية الخاصة إلى الأفكار الكلية العامة، او هو عبارة عن قيام المتعلم بربط الحقائق ببعضها، ووصل المتشابهات ببعضها من المعارف والخبرات المكتسبة للتوصل إلى فكرة جديدة شاملة، أو قانون عام.(مرجع سابق،1999)

5. **التفكير الفعال:** وهو ذلك النوع من التفكير الذي يقوم على منهج سليم ومحدد، وتستخدم فيه أفضل المعلومات من حيث دقتها وكفايتها.

6. **التفكير غير الفعال:** وهو ذلك النمط من التفكير الذي لا يقوم على منهج واضح ودقيق، ويبنى على مغالطات أو افتراضات باطلة أو متناقضة، أو ادعاءات وحجج غير متصلة بالموضوع.

7. **التفكير الوظيفي:** وهو ذلك النوع من التفكير الذي يهتم بالعلاقات السببية والأدوار الوظيفية لعناصر النظام، وهو لا يهتم بالبناء الداخلي للشيئ، بل يتعامل مع البناء الخارجي له.

8. **التفكير التأملي:** وهو ذلك النمط من التفكير المرتبط بالوعي الذاتي، والمعرفة الذاتية أو التأمل الذاتي، والذي يعتمد على النظر بعمق ومراقبة النفس.

9. **التفكير العملي:** وهو ذلك النوع من التفكير الذي يتم توجيهه في ضوء القضايا والأمور العملية في الحياة.

10. **التفكير التبريري:** وهو ذلك النمط من التفكير الذي يعتمد أصلاً على مجموعة من المبررات للحصول على المعرفة والتوسع فيها والدفاع عنها.

11. **التفكير العاطفي:** وهو ذلك النمط من التفكير الذي يعتمد على الخبرات التي نمر بها وما تحويه من عواطف وانفعالات وأحاسيس ومشاعر.

12. **التفكير الحدسي أو التخميني:** وهو ذلك النمط من التفكير الذي يعتمد على التخمين في حل القضايا دون اهتمام بالمنطق.

13. **التفكير الجدلي:** وهو ذلك النوع من التفكير الذي يقوم أصلا على الجدل الفلسفي، ولا سيما ذلك النوع الذي وصفه أفلاطون في محاوراته مع تلاميذه، ليؤصل في أنفسهم البحث عن حقيقة الأشياء.

14. **التفكير البرجماتي أو النفعي:** وهو ذلك النمط من التفكير الذي يؤكد على أن الرغبات والأمنيات لا تؤدي إلى جعل الاعتقاد حقيقة واقعة أو انه يمكن التمسك بها كقيمة، وهذا التفكير يرجع إلى وليم جيمس.

15. **التفكير الإحصائي:** وهو ذلك النوع من التفكير الذي يؤكد على أن الظواهر الامبريقية، أو التجارب العلمية الميدانية لا يمكن فهمها أو التعرف عليها جيداً إلا من خلال المصطلحات الاحصائية، أو من خلال التعامل مع الاحتمالات، وليس التأكيدات.

16. **التفكير الشمولي:** وهو ذلك النمط من التفكير الذي يستخدم فيه الدليل من اجل التوصل الى نتائج نهائية علمية امبريقية، وقابلة للتكرار، والاختبار، والتحقق والتحليل.

17. **التفكير العقلاني:** وهو ذلك النمط من التفكير الذي يعتمد على السبب من اجل البحث واكتشاف المعرفة الموثوق بها. وهنا فان العواطف لا تعتبر ادلة والمشاعر لا تمثل حقائق.

18. **التفكير الكمي:** وهو ذلك النمط من التفكير الذي يصف طبيعة الاشياء وواقعها بمصطلحات كمية، ويمكن التعميم في البحث الكمي على مجتمعات أخرى غير مجتمع الدراسة.

19. **التفكير النوعي:** وهو ذلك النمط من التفكير الذي يصف طبيعة الاشياء من خلال دراسة الحقل،أو الحالة،ولا يمكن تعميم النتائج في البحث على حقول أو حالات أخرى.

20. **التفكير المغلق او المتحجر:** وهو ذلك النمط من التفكير الذي لا يرغب صاحبه في التفكير بحقائق وأفكار جديدة أو استخدامها بطرق إبداعية، وذلك نظرا لاعتماده على أنماط تفكير تقليدية أو قديمة.

21. **التفكير المثالي:** وهو ذلك النمط من التفكير القائم على مسلمة مفادها ان المعرفة الحقيقة للواقع تعتمد فقط على الوعي او الشعور او السبب، بحيث يسمو الهدف الحقيقي على الإدراك، وتظل القيم مصدراً مهما للتفكير. (مرجع سابق ،44،2003)

مفهوم مهارات التفكير:

تعرف المهارة على انها: القدره على القيام بعمل ما بشكل يحدده مقياس مطور لهذا الغرض، وذلك على أساس من الفهم والسرعة والدقة.

وأما مهارات التفكير فتعرف على أنها: عبارة عن عمليات عقلية محددة نمارسها ونستخدمها عن قصد في معالجة المعلومات والبيانات لتحقيق اهداف تربوية كثيرة يكمن حدها في تذكر المعلومات، ووصف الاشياء، وتدوين

الملاحظات، الى التنبؤ بالامور، وتصنيف الاشياء، وتقييم الدليل، وحل المشكلات، والتوصل الى استنتاجات. (مرجع سابق،2003،45)

وتوجد مهارات تفكير متعددة، من الضروري على الطالب المتخصص بالتربية،وبالعلوم الإنسانية معرفتها بدقة،وهي:

1. **مهارة الأصالة:** هي تلك المهارة التي تستخدم من اجل التفكير بطرق جديدة، أو غير مألوفة، أو استثنائية من اجل أفكار ذكية وغير واضحة، واستجابات غير عادية وفريدة من نوعها، أو أنها تلك المهارة التي تجعل الأفكار تنساب بحرية من اجل الحصول على أفكار كثيرة وفي أسرع وقت ممكن.

2. **مهارة الطلاقة:** هي تلك المهارة التي تستخدم من اجل توليد فكر ينساب بحرية تامة في ضوء عدد من الأفكار ذات العلاقة، أو أنها عبارة عن عملية ذهنية يتم من خلالها الوصول إلى أفكار جديدة.

3. **مهارة المرونة:** هي تلك المهارة التي يمكن استخدامها لتوليد أنماط أو أصناف متنوعة من التفكير وتنمية القدرة على نقل هذه الأنماط وتغيير اتجاه التفكير، والانتقال من عمليات التفكير العادي إلى الاستجابة ورد الفعل وإدراك الأمور بطرق متفاوتة، أو أنها تلك المهارة التي يتم فيها فعل الأشياء أو فهمها بطرق مختلفة.

4. **مهارة التوضيح او التوسع:** هي تلك المهارة التي تستخدم من اجل تجميل الفكرة او العملية وزخرفتها والمبالغة في تفصيل الفكرة البسيطة او الاستجابة العادية، وجعلها اكثر فائدة وجمالا ودقة عن

طريق التعبير عن معناها باسهاب وتوضيح، او انها عبارة عن اضافة تفصيلات جديدة للفكرة او الافكار المطروحة.

5. **مهارة العزو أو الوصف:** وهي تلك المهارة التي تستخدم لتحديد الخصائص او الصفات الداخلية للاشياء او المفاهيم او الافكار او المواقف او انها ببساطة القيام بعملية الوصف الدقيق لهذه الامور جميعا.

6. **مهارة تحمل المسؤولية:** وهي تلك المهارة التي تستخدم من اجل بناء نوع من الدافعية الذاتية للاعتماد على النفس او تحمل المسؤولية في العملية او انها عبارة عن القيام بعمل ما ينبغي القيام به.

7. **مهارة الوصول الى المعلومات:** وهي تلك المهارة التي تستخدم من اجل الوصول بفاعلية الى المعلومات ذات الصلة بالسؤال او المشكلة المطروحة.

8. **مهارة تدوين الملاحظات:** وهي تلك المهارة التي تستخدم من اجل تسجيل المعلومات المهمة بشكل مختصر ومكتوب.

9. **مهارة التذكر:** وهي تلك المهارة التي تستخدم من اجل ترميز المعلومات والاحتفاظ بها في ذاكرة طويلة المدى، او انها عبارة عن عملية تخزين المعلومات في الدماغ من اجل استخدامها لاحقاً.

10. **مهارة إصدار الأحكام او الوصول الى حلول:** وهي تلك المهارة التي تستخدم لتطبيق معلومات معطاة واستنتاجات مقدمة من اجل الوصول الى احكام عامة او حلول نهائية. أو انها عبارة عن عملية ذهنية يتم من خلالها الوصول الى احكام عامة او حلول نهائية، أو

انها عبارة عن عملية ذهنية يتم من خلالها الوصول الى احكام بعد الاخذ في الحسبان جميع المعلومات المتوفرة.

11. **مهارة تحديد العلاقة بين السبب والنتيجة:** وهي تلك المهارة التي تستخدم لتحديد العلاقات السببية بين الاحداث المختلفة، او انها تلك العملية الذهنية التي تبين كيف ان شيئا ما يكون سببا لاخر.

12. **مهارة ادارة الوقت:** وهي تلك المهارة التي تستخدم من اجل الحصول على افضل استغلال للوقت المرتبط بواجبات او مهام او اعمال محددة وبأغراض وأهداف شخصية، او انها عملية شخصية تهدف الى استخدام الوقت بحكمة تامة.

13. **مهارة التصنيف:** وهي تلك المهارة التي تستخدم لتجميع الاشياء على اساس خصائصها او صفاتها ضمن مجموعات او فئات. أو انها عبارة عن عملية عقلية يتم من خلالها وضع الاشياء معا ضمن مجموعات بحيث تجعل منها شيئا ذا معنى.

14. **مهارة تنمية المفاهيم وتطويرها:** وهي تلك المهارة التي تستخدم لتحديد الفكرة عن طريق تحديد الامثلة الخاصة بها، أو أنها عبارة عن عملية ذهنية تهدف الى ايجاد تسميات او تصنيفات للافكار.

15. **مهارة طرح الفرضيات واختبارها:** وهي تلك المهارة التي تستخدم من اجل تشكيل أو طرح حلول تجريبية لمشكلة ما واختبار فاعليتها وتحليل نتائجها. او انها عبارة عن القيام باقتراح تخمينات جيدة لحل قضية ما، ثم العمل على فحص او اختبار هذه التخمينات.

16. **مهارة الاستنتاج:** وهي تلك المهارة التي تستخدم من اجل توسيع أو زيادة حجم العلاقات القائم على المعلومات المتوفرة، والاستفادة من التفكير الاستدلالي أو التحليلي من اجل تحديد ما يمكن أن يكون صحيحا. أو أنها عبارة عن استخدام ما يملك الفرد من معارف او معلومات للوصول إلى نتيجة ما.

17. **مهارة تقييم الدليل:** وهي تلك المهارة التي تستخدم لتحديد فيما اذا كانت المعلومات تتمتع بصفة الصدق وصفة الثبات في ان واحد. او انها عبارة عن الاعتراف، او الإقرار بان المعلومات مهمة.

18. **مهارة المقارنة والتباين او التعارض:** وهي تلك المهارة التي تستخدم لفحص شيئين او امرين او فكرتين او موقفين لاكتشاف اوجه الشبه ونقاط الاختلاف. او انها تلك المهارة التي تبحث عن الطريق التي تكون فيها الاشياء متشابهة تارة ومختلفة تارة أخرى.

19. **مهارة شد الانتباه أو ضبط الانتباه:** وهي تلك المهارة التي تستخدم من اجل التحكم أو إدارة ضبط المستويات المختلفة للانتباه. أو أنها عملية الانتباه أو الحذر لما يقال أو يناقش أو يعرض من معلومات أو أفكار أو أراء أو معارف.

20. **مهارة التنبؤ:** وهي تلك المهارة التي تستخدم من جانب شخص ما يفكر فيما سيحدث في المستقبل ، أو إنها عملية تمثل التفكير فيما سيجري في المستقبل.

21. **مهارة حل المشكلات:** وهي تلك المهارة التي تستخدم لتحليل ووضع استراتيجيات تهدف الى حل سؤال صعب او موقف معقد

او مشكلة تعيق التقدم في جانب من جوانب الحياة , او انها عبارة عـن ايجـاد حل لمشكلة ما تواجه الفرد او الجماعة.

22. **مهارة تحديد الاولويات:** وهي تلك المهارة التي يتم عن طريقها وضع الاشياء او الامور في ترتيب حسب اهميتها , ومن الكلمات المرادفـة لهـا كلمـة الترتيب او التصنيف او الرتب.

23. **مهارة طرح الأسئلة أو المساءلة:** وهي تلك المهارة التـي تسـتخدم لـدعم نوعيـة المعلومات من خلال استقصاء طلابي يتطلب طرح الأسئلة الفاعلة أو صياغتها أو اختيار الأفضل منها.

24. **مهارة تطبيق الاجراءات:** وهي تلك المهارة التي تستخدم لفهم وتطبيق خطوات معقدة في ضوء عناصرها او اجزائها المتعـددة. او انهـا عبـارة عـن تعلـم شيء مـا بدقة عالية بحيث يصبح من غير ضروري التفكير كثيرا في تلك الخطوات اثناء القيام بها نظرا لأن تطبيقها او تنفيذها اصبح يتم في الواقع بشكل اعتيادي.

25. **مهارة وضع المعايير أو المحكات:** وهي تلك المهارة التي تسـتخدم لتشـكيل مجموعة من المعايير من اجل الوصول الى احكام معينة او انها عبـارة عـن عمليـة وضع حدود للخيارات الممكنة.

26. **مهارات التفكير بانتظام:** وهي تلك المهارة التي تستخدم للمواءمـة بـين جميع العوامل التي تؤثر في موقف ما بشكل مباشر أو غير مباشر والتي تنجم عن نتاج التفكير. أو أنها عبارة عن كل شيء يمكن تطبيقه والتخمين بما يمكن ان يحدث اذا ما تقدم شخص إلى الأمام بخطوة ما.

27. **مهارة عرض المعلومات بيانيا** او على شكل رسوم او اشكال او دوائر او اعمدة: وهي تلك المهارة التي تستخدم لتغيير شكل البيانات والمعلومات من اجل توضيح كيف أن العناصر الحرجة مترابطة بشكل دقيق، وذلك عن طريق استخدام اللوحات او الرموز او الاشكال او الرسوم أو الاعمدة او الدوائر.

28. **مهارة التتابع:** وهي تلك المهارة التي تستخدم من اجل ترتيب الحوادث او الفقرات او الاشياء او المحتويات بطريقة منظمة دقيقة. او انها تعني وضع الاشياء بتنظيم محدد يتم اختياره بعناية فائقة.

29. **مهارة الملاحظة النشطة:** وهي تلك المهارة التي تستخدم من اجل اكتساب المعلومات عن الاشياء او القضايا او الاحداث او انماط سلوك الاشخاص وذلك باستخدام الحواس المختلفة. او انها عبارة عن بذل المزيد من الاهتمام بشيء ما.

30. **مهارة تنظيم المتقدم:** وهي تلك المهارة التي تستخدم من اجل ايجاد اطار عقلي او فكري يستطيع الافراد عن طريقة تنظيم المعلومات. او انها عبارة عن النظرة السريعة الى الامر كله او الشيء كله من اجل فهمه جيدا.

31. **مهارة عمل الانماط المعرفية واستخدامها:** وهي تلك المهارة التي تستخدم من اجل تكرار عملية الترتيبات المنظمة. او هي عبارة عن مجرد استخدام الانماط المعرفية وايجادها.

32. **مهارة الإصغاء النشط:** وهي تلك المهارة التي تستخدم من اجل فهم الامور وحفظ المعلومات المسموحة. او انها عبارة عن الإنصات بعناية فائقة من اجل الحصول على المعلومات.

33. **مهارة التعميم:** وهي تلك المهارة التي تستخدم لبناء مجموعة من العبارات او الجمل التي تشتق من العلاقات بين المفاهيم ذات الصلة. او أنها عبارة عن بناء جمل او عبارات واسعة يمكن تطبيقها في معظم الظروف او الاحوال ان لم يكن في جميعها.

34. **مهارة عمل الخيارات الشخصية:** وهي تلك المهارة التي تستخدم من جانب الفرد المنظم والناجح من بين خيارات عدة، وذلك من اجل حل مشكلة ما، أو قضية بعينها. أو أنها عبارة عن التفكير جيدا قبل عملية الاختيار. (مرجع سابق،2003،ص40-45)

تصنيف مهارات التفكير:

لقد اختلف المربون والمهتمون بتنمة عملية التفكير في انواع المهارات التي تتصل بالتفكير، ومن اشهر هذه التصنيفات:

اولا: تصنيف فيشر:

اقترح تصنيفاً لمهارات التفكير الاساسية، وهي:

1. **مهارات تنظيم المعلومات، والتي تساعد التلاميذ على:**

- تحديد المعلومات ذات الصلة وجمعها وحفظها.
- تفسير المعلومات للتاكد من استيعاب الافكار والمفاهيم ذات العلاقة.

- تحليل المعلومات وتنظيمها وتصنيفها ومقارنتها وتحديد التناقضـات القائمـة بينها.

- فهم العلاقات الجزئية والكلية المتنوعة.

2. مهارات الاستقصاء: والتي تمكن التلاميذ من:

- طرح الأسئلة ذات العلاقة.

- تحديد المشكلات المختلفة.

- التخطيط لما ينبغي به، اوما يجب البحث عنه.

- التنبؤ بالنواتج المتوقعة.

- اختبار الحلول التي تم التوصل إليها في البداية.

- تطوير الأفكار المختلفة.

3. مهارات ذات العلاقة بالمبررات والأسباب: والتي تساعد التلاميذ على:

- إعطاء الأسباب أو المبررات المتعددة التي تقف وراء الأفكار والآراء المختلفة.

- الوصول إلى استنتاجات متنوعة.

- استخدام اللغة الواضحة لبيان ما نفكر به.

- إصدار الأحكام والقرارات مشفوعة بالمبررات والأدلة.

4. مهارات التفكير الابداعي: والتي تمكن التلاميذ من:

- توليد الافكار والعمل على نشرها.

- اقتراح فرضيات محتملة.

- دعم الخيال في التفكير.

- البحث عن نواتج تعلم ابداعية جديدة.

5. مهارات التقييم: والتي تساعد التلاميذ على:

- تقييم المعلومات التي تعطى لهم، او التـي يجمعونهـا، او يحصـلون عليهـا، او يكتسبونها.

- الحكم على قيمة ما يقرأون، او يسمعونه، او يشاهدونه.

- تطوير معايير للحكم على قيمة ما يملكونه هم او غيرهم من اعمال، او افكار، أو آراء. (fisher,1999)

ثانيا: تصنيف ستيرنبرج:

اقترح ستيرنبرج تصنيفا اخر لمهارات التفكير على النحو التالي:

1. مهارات التفكير فوق المعرفية: وهي عبارة عن مهارات ذهنية معقدة تعد من اهم مكونات السلوك في معالجة المعلومات، وتنمـو مـع التقـدم في السـن مـن جهـة، ونتيجة للخبرات المتنوعة التي يمر بها الفرد من جهة ثانية. إذ يقوم بمهمة السيطرة على جميع الأنشطة الموجهة لحل المشكلات المختلفة، مـع استخدام القـدرات المعرفية للفرد بفاعلية في مواجهة متطلبات مهمة التفكير.

وقام ستيرنبرج بتصنيف مهارات التفكير العليـا، وهي الاهـم الى ثـلاث مهـارات رئيسية تتلخص في الآتي:

(أ) مهارة التخطيط: والتي يمكن تطبيقها في الحالات الاتية:

– عند تحديد هدف ما او مجموعة من الاهداف.

– عند الاحساس بوجود مشكلة ما وتحديد طبيعتها.

– عند اختيار استراتيجية التنفيذ ومهاراته المختلفة.

– عند ترتيب تسلسل العمليات او الخطوات العقلية او الادائية.

– عند تحديد العقبات او الاخطاء المحتملة.

– عند تحديد اساليب مواجهة الصعوبات او العقبات المتعددة.

– عند التنبؤ بالنتائج المتوقعة او المرغوب فيها.

(ب) مهارة الضبط والمراقبة: ويمكن تطبيقها في المجالات التالية:

– عند الابقاء على الهدف في بؤرة التركيز والاهتمام.

– عند الحفاظ على تسلسل العمليات او الخطوات العقلية او الادائية.

– عند تحديد الوقت الذي تحقق فيه الاهداف الفرعية.

– عند تحديد موعد الانتقال الى العملية التالية او الخطوة اللاحقة.

– عند اختيار العملية او الخطوة الملائمة التي تأتي في السياق.

– عند اكتشاف العقبات او الصعوبات او الاخطاء.

– عند التعرف الى كيفية التغلب على العقبات او التخلص من الاخطاء.

(ج) مهارة التقييم: ويتم تطبيقها في الحالات الآتية:

- عند تقييم مدى تحقق الاهداف.

- عند الحكم على دقة النتائج وكفايتها.

- عند تقييم مدى ملائمة الاساليب المستخدمة.

- عند تقييم عملية تناول الصعوبات او العقوبات.

- عند تقييم فعالية الخطة وتنفيذها.

2. مهارات التفكير المعرفية: وتتمثل هذه المهارات في الاتي:

أ. مهارات التركيز: والتي تشمل مهارة تعريف المشكلة ومهارة وضع او صياغة الاهداف المختلفة.

ب. مهارات جمع المعلومات: والتي تتضمن مهارة الملاحظة عن طريق حاسة واحدة او اكثر من الحواس، ومهارة التساؤل او طرح الاسئلة.

ج. مهارات التذكر: والتي تتضمن الترميز او تخزين المعلومات في الذاكرة طويلة الامد ومهارة الاستدعاء او استرجاع المعلومات من الذاكرة طويلة الامد.

د. مهارات تنظيم المعلومات: والتي تتضمن مهارة المقارنة عن طريق بيان اوجه الشبه ونقاط الاختلاف بين شيئين او اكثر، ومهارة التنصنيف عن طريق وضع الاشياء ضمن مجموعات وفق خصائص مشتركة، ومهارة الترتيب عن طريق وضع الاشياء او المفردات في منظومة او سياق وفق معيار معين.

ه. مهارات التحليل: والتي تتناول تحديد الخصائص والعناصر وتحديد العلاقات والانماط المختلفة.

و. المهارات الانتاجية او التوليدية: والتي تشمل مهارات التوضيح او اعطاء المزيد من التفصيلات ومهارة الاستنتاج ومهارة التنبؤ ومهارة المعلومات برموز او برسوم بيانية.

ز. مهارات التكامل والدمج: والتي تتضمن مهارة التلخيص ومهارة إعادة البناء المعرفي من اجل دمج معلومات جديدة.

ح. مهارات التقويم: والتي تتناول مهارة وضع المعايير او المحكات اللازمة لاتخاذ القرارات واصدار الاحكام ومهارة تقديم الادلة، ومهارة التعرف الى الاخطاء او كشف المغالطات. (**Sternberg,1986**)

ثالثا: تصنيف سعادة:

في ضوء دراسة متعمقة في التفكير ومهاراتهاالمتعددة، وبعد قيامه باجراء بحوث تربوية وميدانية متعددة على مهارات التفكير خلال اكثر من ربع قرن في التعليم الجامعي العربي، فانه يطرح التصنيف التالي لمهارات التفكير، وهي:

اولا: مهارات التفكير الناقد: وتشمل:

1. مهارة الاستنتاج.
2. مهارة الاستقراء.
3. مهارة تحديد العلاقة بين السبب والنتيجة.
4. مهارة المقارنة والتباين او التناقض.

5. مهارة تحديد الاولويات.

6. مهارة التتابع.

7. مهارة التمييز، والتي تتضمن مهارات فرعية أخرى، هي:

- مهارة التمييز بين الحقيقة والرأي.

- مهارة التمييز بين المصادر الصحيحة والمصادر غير الصحيحة.

- مهارة التمييز بين المعلومات ذات الصلة والمعلومات غير ذات الصلة.

- مهارة التمييز بين الافتراضات والتعميمات.

- مهارة التمييز بين التفكير الاستقرائي والتفكير الاستنتاجي.

8. مهارات أخرى للتفكير الناقد وتشمل الآتي:

- مهارة التعرف إلى وجهات النظر.

- مهارة التحقق من التناسق او عدم التناسق في الحجج والبراهين.

- مهارة تحليل المجادلات.

ثانيا: مهارات التفكير الابداعي: وتتضمن المهارات المهمة الاتية:

1. مهارة الاصالة.

2. مهارة الطلاقة.

3. مهارة المرونة.

4. مهارة التوضيح او التفصيلات الزائدة.

ثالثا: مهارات جمع المعلومات وحفظها وعرضها: وتشمل الاتي:

1. مهارة التذكر.

2. مهارة الوصف او العزو.

3. مهارة الوصول الى المعلومات.

4. مهارة تدوين الملاحظات.

5. مهارة الملاحظة.

6. مهارة الاصغاء.

7. مهارة شد الانتباه.

8. مهارة عرض المعلومات بيانيا.

9. مهارة طرح الأسئلة أو المساءلة.

رابعا: مهارات التقييم وحل المشكلات:

1. مهارات تقييم الدليل.

2. مهارة وضع المعايير أو المحكات.

3. مهارة إصدار الأحكام أو الوصول إلى حلول.

4. مهارة تحمل المسؤولية.

5. مهارة عمل الخيارات الشخصية.

6. مهارة طرح الفرضيات واختبارها.

7. مهارة حل المشكلات.

خامسا: مهارات بناء المفاهيم والتعميم والتنظيم: وتشمل:

1. مهارة تنمية المفاهيم او تطويرها.

2. مهارة التعميم.

3. مهارة عمل الانماط المعرفية واستخدامها.

4. مهارة التصنيف.

5. مهارة تطبيق الإجراءات.

6. مهارة التنبؤ.

7. مهارة التفكير بانتظام.

8. مهارة إدارة الوقت.

9. مهارة التنظيم المتقدم. (مرجع سابق،2003)

البرامج الخاصة بتعليم المهارات:

طرح المربون والمهتمون بمهارات التفكير برامج عدة لتعليمها، ومن اهم هذه البرامج ما يلي:

1. **برامج العمليات المعرفية:**

تركز هذه البرامج على المهارات المعرفية للتفكير كالمقارنة، والتصنيف والاستنتاج، وذلك نظراً لأهميتها في اكتساب الطلبة للمعارف المختلفة ومعالجتهم للمعلومات، ومن بين اهم هذه البرامج ما طرحه المربي المعروف جيلفورد على انه برنامج البناء العقلي وما اقترحه المربي فيورستين على انه البرنامج التعليمي الاثرائي.

2. برامج العمليات فوق المعرفية:

تهتم هذه البرامج بمهارات التخطيط والمراقبة والتقييم التي تسيطر على العمليات المعرفية وتديرها بشكل دقيق، بحيث تساعد الطلبة على التعلم من الاخرين وزيادة الوعي بعمليات التفكير الذاتية، ومن الامثلة على هذا النوع من البرامج،برنامج الفلسفة للاطفال، وبرنامج المهارات فوق المعرفية.

3. برامج المعالجة اللغوية والرمزية:

تركز هذه البرامج على الأنظمة اللغوية والرمزية كوسائل للتفكير والتعبير عن نتاجات التفكير في آن واحد، وتهدف هذه البرامج الى تنمية مهارات التفكير في الكتابة وفي التحليل وفي برامج الحاسوب المختلفة، ومن هذه البرامج التعليمية: برامج الحاسوب في اللغات والرياضيات.

4. برامج التعلم بالاكتشاف:

تركز هذه البرامج على اهمية تعليم اساليب واستراتيجيات محددة للتعامل مع المشكلات، والتي تهدف بالدرجة الاساس إلى تزويد التلاميذ بعدة استراتيجيات لحل المشكلات في المجالات المعرفية المختلفة،وتشمل هذه الاستراتيجيات كلاً من التخطيط،واعادة بناء المشكلة، وتمثيل المشكلة بالرموز او الصور او الرسوم البيانية المتنوعة،وايجاد الدليل او البرهان على صحة الحل، ومن البرامج الممثلة لهذا الاتجاه برنامج كورث " للمربي والطبيب المعروف ديبونو، وبرنامج التفكير المنتج للمربي كوفنجتن ورفاقه.

5. برامج تعليم التفكير المنهجي:

وقد تبنت هذه البرامج منحى بياجيه في النمو المعرفي من اجل تزويد التلاميذ بالخبرات والتدريبات التي تنقلهم من مرحلة العمليات المادية المحسوسة

الى مرحلة العمليات المجردة التي يبدأ فيه تطور التفكير المنطقي والعملي، وتركز هـذه البرامج على الاكتشاف والاستدلال، والتعـرف علـى العلاقـات ضـمن محتـوى المـواد الدراسـية المختلفة بالاضافة، الى تركيزها على مهارات التفكير.

ومن بين هذه البرامج المشهورة ما طرحه دي بونو على مدى سنوات عديـدة مـن بـرامج لاقت صدى وانتشاراً عالميين في تدريس التفكير على راسها برنامج الكـورت، وبرنـامج القبعـات الست، وبرنامج الماسترثنكر، وفيما يلي توضيح لها:

اولا: برنامج الكورت لتعليم التفكير:

خطوات البرنامج:

1. البدء بقصة او بتمرين يوضح جانب التفكير الذي يدور حول موضوع الدرس.

2. تقـديم الأداة، أو المهـارة، أو موضـوع الـدرس باسـتخدام بطاقـة العمـل التـي يعدها المعلم لتلاميذه حسب متطلبات الدرس، او المهارة.

3. يقوم المعلم بقراءة مادة الدرس بصوت مرتفع ثـم يوضحها ويـوزع بطاقـات العمل على الطلاب.

4. طرح أمثلة توضـع طبيعـة المهـارة مـع مناقشـة الطلبـة في معناهـا ومجـالات استخدمها.

5. تقسيم الطلبة الى مجموعات تتألف ما بين 4-6 طلاب مع تكليفهم بالتـدريب على مهمة محددة لمدة ثلاث دقائق.

6. الاستماع الى ردود فعل المجموعات علـى المهمـة التـي قامـوا بهـا عـن طريـق تقديم اقتراح او فكرة واحدة من جانب كل مجموعة.

7. تكرار العملية، وذلك بتدريب الطلاب على مهمة اخرى جديدة.

8. مراعاة قدرات الطلبة في التنفيذ بحيث يتم الاقتصار على مادتين تدريبيتين، أو تمرين فقط مع اجراء نقاش عام.

9. ضرورة حـرص المعلـم علـى بقـاء عمليـة التفكيـر في موضـوع الـدرس، وعـدم الخروج عنه الى افكار اخرى.

10. ترحيب المعلم بالافكار التي يطرحها الطلبة وعدم العمل على رفضها.

11. استخدام المبادىء والاسس في عمل المجموعـات مـن اجـل اثـارة نقـاش مثمـر حول موضوع الدرس او المهارة المطروحة.

ويقسم برنامج الكورت إلى ستة أقسام رئيسية كبرى، يدور كل قسم منها حول موضوع مهم، وهي:

القسم الأول: ويتناول موضوع توسعة مجال الإدراك لدى الطلبة.

القسم الثاني: ويركز على تنظيم عملية التفكير لدى الطلبة.

القسم الثالث: ويتناول عملية التفاعل بين تفكير الطلبة وتفكير الآخرين من حولهم.

القسم الرابع: ويتم فيه التركيز على الإبداع والتفكير الإبداعي لدى الطلبة.

القسم الخامس: ويتناول المعلومات والعواطف لدى الطلبة وتأثيرها على التفكير.

القسم السادس: ويدور حول الفعل أو الأفعال ذات العلاقة بتفكير الطلبة. (السرور،2000)

ثانيا: برنامج القبعات الست لتعليم التفكير:

وهو برنامج ابتكره الطبيب ديبونو أيضاً لتعليم التفكير عن طريق القبعات التي ليست في الواقع قبعات حقيقية، ولكنها ترمز الى طريقة معينة في التفكير، أي ان الطالب او الفرد لن يقوم بلبس أي قبعة او يقوم بخلعها حقيقة. وانما سيعمل على استخدام ستة انماط من التفكير ترمز كل قبعة من القبعات الست الى نمط منها ثم ينتقل الى النمط الاخر وهكذا.

ان طريقة القبعات الست تمثل الرد المناسب على السلبية حيث لا تركز على إزالة أي نوع من التفكير، وانما تعطي كل نوع من التفكير اسمه وتحديد مهامه. فهي تعطي الفرصة للفرد لأن يفكر بطرقة محددة، ثم يطلب منه التحول الى طريقة اخرى، كأن يتحول الى تفكير القبعة الخضراء التي ترمز الى الابداع، حتى لو لم يحسن المشتركون في المناقشة الابداع، وذلك عن طريق القول: لنخصص خمس دقائق لتفكير القبعة الخضراء، وتمثيل دورها جيدا.

فمثل هذا التحول يشجع المشاركين على التفكير دون عوائق او خوف او سلبية فعند التحول من نوع تفكير قبعة الى نوع آخر بعد اتفاق وتخطيط مسبقين فان الشخص الذي اعتاد ان يكون ناقدا باستمرار (وهو تفكير القبعة السوداء)

سيصبح في موقف ضعيف ما لم يغير طريقته،لأنه سينخرط في نوع التفكير المطلوب منه وهو تفكير القبعة الخضراء المتمثل في الابداع، وسوف يضطر إلى ترك طريقته المعتادة في الهجوم على الاخرين فقط.

وحتى يتم الإحاطة الدقيقة بطبيعة هذه القبعات ومهامها فانه لا بد من توضيح كل واحدة منها على حدة:

1- **القبعة البيضاء:** المطلوب من الفرد الذي يرتدي هذه القبعة مجازيا ان يهتم بطلب المعلومات والبيانات والحقائق والإحصائيات أولا ثم يحاول بعد ذلك الوصول إلى نتائج وليس العكس،وهنا فان المعلومات ينبغي ان تكون مركزة، كذلك فان تفكير القبعة البيضاء يمثل التفكير بالحقائق الحيادية التي لا يتم استغلالها انتصارا لفكرة او تدميرا لأخرى في ضوء مصالح ذاتية ضيقة سواء كانت فردية او جماعية..

2- **القبعة الحمراء:** المطلوب من الفرد الذي يرتدي هذه القبعة مجازيا ان يعبر عن الانفعالات والمشاعر والاحاسيس والتخمينات واستخدام الحدس، إذ اشار رجال الاعمال الكبار انهم يعتمدون في قراراتهم على الحدس والتخمين بنسبة تصل الى 70 %.

والمعروف ان المشاعر والظنون موجودة حقا في التفكير الانساني، وهي شرعية،وتوخذ بالحسبان، ومع ذلك فانه اذا ما تم اطلاق العنان لها فكثيرا ما تؤدي الى وقوع خلافات حادة وشجار محتوم يحبذه الكثيرون، وكل شخص لديه مثل هذه المشاعر والعواطف يحاول اخفاءها او التستر عليها، وهنا علينا ان نقر بوجودها، وان نواجهها بشجاعة، وان نعمل على اخراجها الى السطح كي يراها الجميع بوضوح مهما كانت الحساسية تجاه شخص ما او فكرة معينة او مقترحا محددا.

3- **القبعة السوداء:** وهي من اكثر القبعات ارتداءً مـن النـاس، وفي اكـثر الاوقـات حيـث يـزداد النقـد الى الاشـخاص او الافكـار او الطروحـات او الخطـط او المشرـوعات او الاراء او الاحداث او الاعمال او التصرفات، وهنا يكون الاختلاف واضحا بـين النقـد في القبعـة الحمـراء الذي يعتمد اصلا على الانطباعات والعواطف والتخمينات، وبين النقد في القبعة السوداء الذي يعتمد على المنطق والحجج والاسانيد ومع ذلك فوجهة النظر فيهما سلبية.

ان التفكير في القبعة السوادء ينظـر الى الجانـب الاسـود في الامور،ومـع ذلـك فـإن هـذه النظرة السوداوية يجب ان تكون لها اسباب مبررة ومقنعة تعتمد على الحقـائق والمعلومـات، ويرى كثيرون ان استخدام القبعة السوداء تعمل على التخفيف من ميل الناس الى النقـد لانهـا تتيح لصاحبها الحرية في طرح النقد وتقبله من الاخرين، مما يجعلهم جميعا يطـالبون بوضـع حد لدائرة النقد الدائم.

4- **القبعة الصفراء:** ويدور التفكير في هـذه القبعـة عـلى الجوانـب الايجابيـة أو النافعـة بحيث يتم توضيح السبب الذي يبرز القول بنجاح الأمر المطروح، وذلك بدافع من الفضـول او حب الاستطلاع لكي نشعر بالسعادة إذا ما تم ذلك الأمر. فمثلا لو انتقد شـخص موضـوعا مـن الموضوعات أو قضية من القضايا انتقادا شديدا، وكأنه يلبس القبعة السوداء، فإننا نتركه حتـى ينتهي من طرح انتقاداته العنيفة ثم نقول له:

لقد أفرغت ما لديك من انتقادات سوداء حول هذا الموضوع او هذه القضية، فاننا نأمل منك ان تلبس القبعة الصفراء ولو للحظة قصيرة، وان تنظر الى هذا الموضوع بعمـق لاكتشـاف الجوانب الايجابية او النافعـة فيـه،فانـه بـلا شـك سـوف يسـتجيب الى ذلـك اذا كـان يتصـف بالعملية والموضوعية.

ومع ذلك، فقد لا يكون في الامر المطروح للنقاش شئ او اشياء ايجابية او نافعة، مما يصبح من العبث او اضاعة الوقت الاستمرار فيه، ومع ذلك فهناك بعض الجوانب قد تكون غير واضحة، مما يتطلب من المفكر الناجح عدم اغلاق الباب والاستمرار في التفكير بهذه المجالات التي اذا ما تم توضيحها قد تصبح مفيدة وايجابية.

وهنا فان التفاؤل يبقى ضروريا ومهما على الا يكون الاعتماد عليه كمن ينتظر حدوث حظ او حصول معجزة، وانما يجب ان يكون الحديث الايجابي له اسباب حقيقية تدعمه،على اعتبار ان تفكير القبعة الصفراء اكثر من مجرد احكام عقلية واقتراحات ايجابية،انه موقف عقلي متفائل وايجابي يجعل الفرد يبصر الجوانب الايجابية ضمن فرصة حقيقية ومفيدة، على اعتبار ان هذا النوع من التفكير يفسح المجال الكبير لاغتنام الفرص واختيارها.

5-القبعة الخضراء: يدور التفكير هنا حول الإبداع حيث التجديد والتغيير لدرجة أن إعطاء اللون الأخضر يعني النبات الذي ينمو ويتجدد ويتكاثر للخروج من الأوضاع أو الأفكار التقليدية إلى الأوضاع والأفكار الجديدة مما قد يوقع الفرد أو الأفراد في أخطار عديدة إذا ما استمروا في الوضع القديم المشحون بالسلبيات والعيوب والمشكلات الكثيرة.

وهذا صحيح لان نمط التفكير هنا يخالف الميول الطبيعية لنا والتي تدعو إلى البقاء ضمن حدود معينة مما يجعل تفكير القبعة الخضراء يختلف عن أنماط تفكير القبعات السابقة جميعا، فإذا كان يطلب من الفرد في تفكير القبعة البيضاء التعرض للمعلومات والحقائق بشكل حيادي، ويطلب منه في تفكير القبعة السوداء نقدا سلبيا مع دعم ذلك بالحقائق، ويطلب منه في تفكير القبعة الصفراء الاهتمام بالجوانب الايجابية المتفائلة مع دعم ذلك بالحقائق

والأسانيد،ويطلب منه في تفكير القبعة الحمراء الكشف عن العواطف المتصلة بالموضوع، فان تفكير القبعة الخضراء يطلب من الفرد بذل المزيد من الجهد في الحصول على ما نريد بطرق إبداعية متنوعة، واقتراحات وبدائل تثير التفكير، بحيث يتم التحرك من فكرة الى اخرى، ومن حل إلى آخر حتى يتم اختيار الأنسب منها.

6- القبعة الزرقاء: إن من يلبس القبعة الزرقاء يشبه الى حد كبير المايسترو الذي يوجه العازفين في حفلة موسيقية فهو يقول: (هنا نحتاج إلى استخدام القبعة الخضراء من اجل التفكير الابداعي، وهنا نحتاج الى القبعة الحمراء من اجل اظهار العواطف والمشاعر، وهنا نريد القبعة البيضاء من اجل المعلومات والحقائق، وهنا نحتاج القبعة السوداء من اجل النقد وإظهار الجوانب السلبية، وهنا نريد القبعة الصفراء للتركيز على الجوانب الايجابية والتفاؤل واغتنام الفرص الثمينة.

وباختصار فان التركيز في هذا النمط من القبعات يكون على توجيه عملية التفكير من اجل الوصول الى افضل نتيجة ممكنة بحيث يقوم صاحب القبعة الزرقاء بتحديد أي القبعات يجب تنشيطها ومتى يكون عملها، إنه يضع الخطة الأفضل لتفكير القبعات المختلفة ويتابع إعطاء التعليمات في نسق معين ودقيق.

وتختلف النظرة هنا اختلافا واضحا عن النظرة التقليدية التي تجعل من التفكير عملية تلقائية تنساب دون حكم او توجيه سديدين بعكس من يلبس القبعة الزرقاء الذي ينظر الى القضية او المشكلة او الامر او الموضوع بعمق حتى يحدد نمط القبعة المطلوب لبسها اولا، وتلك التي تتبعها لاحقا، وهكذا في ضوء مستجدات المناقشة او الحوار. (خبراء،التربية، 2008)

برنامج المفكر البارع:

لقد طرح هذا البرنامج أيضا الطبيب ديبونو من اجل تعليم الأفراد كيفية التفكير، وتدريبهم على استراتاجيات تجعل منهم مفكرين بارعين، وذلك ضمن أربعة أشرطة للتدريب وكتابان أساسيان وملحق خاص بالبرنامج.

واذا ما تم فحص هذين الكتابين نجد أنهما يشتملان على احد عشر بابا مع ملحق بهما، ويمكن توضيحها كالآتي:

الباب الأول والثاني: ويتناولان عملية التعريف ببرنامج المفكر البارع مع التركيز على ان التفكير يمثل مهارة، وانه يحتاج إلى استخدام العديد من الأدوات والأساليب والطرق المهمة، وانه من الضروري التدريب على التفكير من اجل الوصول إلى مستوى الإتقان المطلوب.

الباب الثالث: ويتم فيه التركيز على علاقة الذكاء بالتفكير في الوقت الذي يحس فيه الأذكياء بالتقدير الشخصي لذواتهم، ويحاولون جاهدين تلافي الأخطاء ما أمكن مما يبعدهم عن روح المغامرة والإبداع ويجعلهم يقفزون الى النتائج بسرعة مما يشكل خطرا على تفكيرهم.

الباب الرابع: ويهتم باستخدام تمارين عديدة من اجل توضيح مفهومين اساسيين يتمثل الاول منها في التفكير النشط والذي يحدث عن اخذ الشخص لقرار ما على عاتقه في ضوء عدم توفر الحقائق والمعلومات المطلوبة بينما يتمثل ثانيهما في التفكير المتفاعل الذي يحدث عند توفر المعلومات التي يتم التفاعل معها.

الباب الخامس: ويتم فيه وصف الأبواب المتبقية من الكتاب مع إعطاء اسم لكل باب يرتبط بأجزاء جسم الإنسان.

الباب السادس: وهو بعنوان العظام ويتضمن تدريبات تساعد الفرد في معرفة كيفية بناء وتقييم الأفكار الأساسية في الموضوع الواحد، وفرزها عن الأفكار الثانوية.

الباب السابع: وأطلق عليه اسم العضلات ويحتوي على تدريبات لتقوية الفكرة بالمعلومات والحقائق المطلوبة.

الباب الثامن: ويسمى الأعصاب ويتضمن استراتيجيات لتوضيح كيفية ربط الأفكار يبعضها بشبكة اتصالات تشبه الأعصاب للحفاظ على قوة الأفكار وتواصلها معا.

الباب التاسع: وأطلق عليه اسم الدهون أو الشحوم، ويشتمل على تمارين تركز على الجوانب الفرعية وتكامل بناء الفكرة كطاقة متجددة .

الباب العاشر: ويسمى بالجلد، ويركز على المظهر العام للفكرة، وإخراجها في صورة معينة.

الباب الحادي عشر: وأطلق عليه اسم الصحة كي يعني الناتج الإجمالي للتفكير، وهل هو معافى وبشكل ممتاز ام انه يعاني من ضعف وقصور ومشكلات.

أما عن الملحق الخاص ببرنامج المفكر المبدع (الماسترثنكر) فيتضمن تمارين عامة وشاملة بعضها تمارين تحتاج إلى الورقة والقلم، وبعضها الآخر يتطلب استخدام أدوات كالسكاكين والعلب وأكواب الماء وغيرها. (مرجع سابق،2000)

بعد أن بينت التعريفات والمعاني لأنماط التفكير، ومهاراته المتعددة، أو هنا أن أشير إلى أهم هذه المهارات من خلال ما يعرف بالتفكير الموجه الذي يبحث

فيه الفرد عن إجابة أو يحاول حل مشكلة أو يقوم بإنتاج حلول إبداعية أو ابتكارية للموضوعات المختلفة، ومن ثم نتعرف على كيفية قياسه،أو بعض تطبيقاته العملية.

ومن أهم مهارات التفكير الموجه:

1- التفكير الاستدلالي:

ويعرف على أنه: نوع من التفكير الذي يعتمد على عمليات منطقية ذات طابع استنتاجي، أو استقرائي مباشر، أو غير مباشر.(جابر عبد الحميد،1991،319)

وعرفه آخر على أنه: أسلوب من أساليب التفكير يصل فيه الفرد من قضايا معلومة، أو مسلم بصحتها إلى معرفة المجهول الذي يتمثل في نتائج ضرورية للمقدمات المسلم بصحتها.(مجدي عبد الكريم،1996،ص47)

وعرفه أخر على أنه: نوع من التفكير يتطلب استخدام أكبرقدر من المعلومات، بهدف التوصل إلى حلول تقاربية سواء كانت هذه الحلول إنتاجية، أم انتقائية. (فؤاد أبو حطب، 1996،236)

وعرفه آخر على أنه: عملية اجتياز سلسلة من الخطوات الاستنتاجية من بعض المعلومات الأخرى. (voss,1996,464)

وعرفه آخر على أنه: عملية تفكيرية تتضمن وضع الحقائق أو المعلومات بطريقة منظمة بحيث تؤدي إلى استنتاج قرار، أو حل مشكلة. (جروان، 1999، 327)

مما يلاحظ في التعريفات السابقة الذي أشار إليه الباحثون أن التفكير الاستدلالي هو نفس مفهوم التفكير الاستنتاجي، مع استثناء التعريف الأول الذي ذكره جابر عبد الحميد، وقدأومأت سابقاً إلى الفرق بين التفكير الاستنتاجي (الانتقال من الكل إلى الجزء) والاستقرائي (الإنتقال من الجزء إلى الكل) في تعريف مهارات التفكير، وأنني أميل إلى أن التفكير الاستنتاجي والاستقرائي يقعان تحت التفكير الاستدلالي (القياسي).

خصائص التفكير الاستدلالي:

1. عملية منطقية تتضمن استخدام قواعد المنطق للتوصل من المقدمات إلى النتائج.
2. نوع من التفكير العلائقي، إ ذ يتم ربط السبب بالنتيجة.
3. قد يستخدم في حالات تكوين المفاهيم، وهو مهم لإستنباط الفروض النظرية.
4. تساعد مهارات التفكير الاستدلالي في عملية التمييز والتعميم.
5. يتضمن في جوهره اكتشاف العلاقات التي تربط بين معلومات المدخلات.
6. يقتضي الاستدلال تدخل العمليات العقلية العليا كالاستبصار، والتجريد، والتخطيط، والتمييز، والتحليل، والنقد.
7. تتصل مهارات الاستدلال اتصالاً وثيقاً بالذكاء .
8. تختلف مهارات الاستدلال تبعاً لمحتوى أسئلة الاختبارات المستخدمة في قياسها، وبالتالي نجد استدلالاً رمزياً وعددياً ولفظياً وشكلياً.

9. تتضمن مهارات التفكير الاستدلالي اختبار الخبرات السابقة لحل مشكلة، وإدراك العلاقات الأساسية بين الوسائل المتاحة والمحتملة والهدف النهائي،وإعادة تنظيم الخبرات السابقة في ضوء هذه العلاقات. (عبد الهادي السيد،2002، 33-34)

أهمية دراسة مهارات التفكير الاستدلالي:

1. تساعد مهارات التفكير الاستدلالي على التنبؤ والتوقع بالنجاح الدراسي، وبصفة خاصة في مادة العلوم البيولوجية (موضوعات الوراثة)

2. تلعب مهارات التفكير الاستدلالي في اتخاذ القرارات، وذلك لأنها مجموعة عمليات معرفية أساسية في وضع العلاقات المنطقية. (مرجع سابق،2005)

2 - التفكير الحدسي:

يعرف على أنه: عملية التوصل إلى استنتاجات صحيحة عند تقديم مشاكل بسيطة، أو عند استخدام معلومات قليلة.(مرجع سابق،1996،ص301)

ويعرف على أنه: الادراك المباشر لموضوع ما دون توسط عمليات استدلالية. (مدين،1992، ص9)

ويعرف على أنه: شكل من أشكال الفهم، أو المعرفة يتسم بأنه مباشر وفوري، ويحدث دون تفكير شعوري، أو حكم، أو تأمل.(مرجع سابق، 1991)

وهو: أسلوب من أساليب التفكير الذي يعتمد على الإدراك، أو الاستنتاج المباشر المفاجئ الذي يصل فيه الفرد عن طريق المقدمات، وهو أسلوب عقلي يهدف إلى التوصل إلى صيغ مقبولة دون اتباع خطوات تحليلية. (مرجع سابق، 1996،ص46)

ويعرف Lieberman على أنه: خبرات ذاتية ناتجة عن عمليات لا شعورية، وتكون سريعة ومنطقية، وتعتمد على اظهار المشكلة موضوع البحث والدراسة، ويتضمن القدرة على التلخيص الدقيق للحلول المحتملة. (Lieberman,2000).

ويعرف فلسفياً على أنه: معرفة مطلقة مباشرة، وذلك بأن يتمثل الإنسان في ذهنه الحد الأوسط (الحكم العام على أمر دفعة ومرة واحدة)، وهونوعان:

- إما أن يكون عقب طلب وشوق، ولكن من غير حركة(أن يكون للإنسان رغبة في معرفة أمر من غير أن يتطلبه بالإدلة)، فإذا عرف ذلك فيكون قد عرفه بحدس ظاهر.

- إذا عرف ذلك (من غير أن يشعر بالرغبة في معرفته)، فذلك هو الحدس بإطلاق.(مرجع سابق، 1981،ص132)

من خلال التعريفات السابقة، فإنني ألاحظ أن التفكير الحدسي هو: عملية تتسم بأنها لا شعورية، وقد تكون شعورية، ولا تتوسط عمليات استدلالية، فهي غير تحليلية، وقد تكون نتاج خبرة، وقد تكون عرضة للخطأ.

أنماط التفكير الحدسي:

1. **الحدس الحسي:** ويقصد به الإدراك المباشر للمحسوسات والموضوعات والأشياء الخارجية.

2. **الحدس العقلي:** توصل العقل مباشرة إلى النتيجة المطلوبة.

3. **الحدس العاطفي (الوجداني):** يتصل بمشاعر الفرد حيث يشعر الفرد بالتوافق أو التنافر مع أشخاص معينين منذ النظرة الأولى دون أن يكون قد عرفهم من قبل.

4. **الحدس الإكلينكي:** يمثل مصدراً للمعرفة عن العملاء، والخدمات الارشادية.

5. **الحدس الكشفي:** ويعنى بالمعرفة الإلهامية.

6. **الحدس الإبداعي:** ينتج الفرد بدائل واختيارات واحتمالات وحلول متعددة تحتمل الخطأ والصواب.

7. **الحدس التقويمي:** يقوم به الفرد عندما يواجه باختيارات نعم أولا.

8. **الحدس التنبؤي:** التنبؤ بالمستقبل والأحداث والمواقف المختلفة.(عبد الهادي أبو زيد، 2002، 21-24).

أهمية الحدس في الحياة:

1. الحكم على الأشياء والمواقف والحوادث.

2. فهم أفضل للعلاقات المعقدة، وانتاج أفكار جديدة، وإدراك وسائل أخرى لإستكمال الحقائق، والمفاهيم، والتعميمات في عملية التعلم.

3. للحدس الصدارة في الكشف العلمي.

4. تساعد مهارات التفكير الحدسي على صنع واتخاذ القرارات. (مرجع سابق، 2002، 25)

3- التفكير الناقد:

يعود مفهوم التفكير الناقد في أصوله إلى فلسفة سقراط التي عرفت معنى غرس التفكير العقلاني بهدف توجيه السلوك، وفي العصر الحديث بدأت حركة التفكير الناقد مع أعمال ديوي عندما استخدم فكرة التفكير التأملي والاستقصاء.

وهناك الكثير من التعريفات التي تناولت التفكير الناقد، والتي إن اختلفت فيما بينها إلا أنها اشتركت في مجموعة من النقاط التي توضح جوهر التفكير الناقد، وتميز بينه وبين بعض المفاهيم ذات الصلة بالعمليات العقلية.

والتفكير الناقد لا يتكون من مجموعة العمليات والأساليب المتسلسلة التي يمكن استخدامها في التعامل مع موقف ما، وهو لا يتطلب استراتيجية معينة أو طريق محددة كما هو الحال بالنسبة لإتخاذ القرارات أو حل المشكلات، ولكن يمكن وصفه بأنه:(مجموعة من العمليات أو المهارات الخاصة التي يمكن استخدامها بطريقة منفردة أو مجتمعة دون التزام بأي ترتيب معين، فالتفكير الناقد يحتاج إلى مهارة في استخدام قواعد المنطق والاستدلال، وهو يستلزم إصدار حكم من جانب الفرد الذي يمارسه، وهو ينطوي على مجموعة من مهارات التفكير التي يمكن التدرب عليها واجادتها).(فريق خبراء التربية ، 1430هـ 74)

وهو ذلك النوع من التفكير الذي يستخدم في تمحيص قضية لتحديد ما إذا كانت صحيحة أو خاطئة، إذ يحاول الفرد أن يكتشف النتائج الخاطئة، وأن يحدد الأخطاء المنطقية. (نخبة من أعضاء هيئة التدريس، جامعة عين شمس، 170 ،2003)

ويرى ديوي أن جوهر التفكير الناقد في كتابه (كيف نفكر) يكمن في التمهل في إصدار الأحكام، وتعليقها لحين التحقق من الموضوع،أوالفكرة المطروحة.(مرجع سابق، 1999، 59)

ومن التعريفات الأخرى للتفكير الناقد كما وردت في الأدب التربوي:

- فحص وتقييم للحلول المعروضة.
- حل المشكلات، والتحقق من الشيء، وتقييمه بالإستناد إلى معيير متفق عليها مسبقاً، وأنه يتطلب استخدام مستويات بلوم العقلية المعرفية العليا، وهي: التحليل، والتركيب، والتقويم. (مرجع سابق، 1999، 61)

المواقف والمشكلات التي تتطلب من المفحوص استخدام التفكير الناقد كما جاءت في اختبارات واطسون وجليزر، وتتكون من خمسة اختبارات فرعية، هي:

1. **الاستنتاج:** ويتم من خلال التوصل إلى استنتاجات معينة على أساس البيانات المعطاة، إذ يقوم المفحوص بالتمييز بين الدرجات المختلفة من الصواب والخطأ.
2. **التعرف على الافتراضات:** ويقيس القدرة على التعرف على الافتراضات المتضمنة في القضايا المقدمة للمفحوص.
3. **الاستنباط:** ويقيس قدرة المفحوص على التفكير الاستنباطي (الاستنتاجي) (من العام إلى الخاص أو من الكل إلى الجزء) من مقدمات معينة.

وضحت للقارئ هنا أن التفكير الاستنباطي هو عين التفكير الاستنتاجي، لأنه ورد عدم توضيح ذلك في المراجع المتعددة، وكل يسميه باسم معين، مع العلم بأن لفظ الاستنباط مقتصر على الفقه الإسلامي.

4. **التفسير:** ويقيس مهارة المفحوص في الحكم على الشواهد والأدلة، وذلك من أجل التمييز بين التعميمات التي توجد في هذه الأدلة.

5. **تقييم الحجج:** ويقيس مهارة المفحوص على التمييز بين الحجج القوية والضعيفة، وذلك بالنسبة إلى موضوعات مطروحة للمفحوص.(أبو حطب ، 377، 1999)

المهارات المتضمنة في التفكير الناقد:

- التمييز بين الحقائق المثبتة.
- التمييز بين المعلومات والأسباب المرتبطة بالدراسة، أو الدراسة قيد البحث، وغير المرتبطة به.
- دراسة الفرضيات.
- كشف المغالطات المنطقية.
- استنتاج عدم الاتساق في مسار التفكير.
- اتخاذ القرار.
- التنبؤ بالحل.

ويمكن تلخيص تلك المهارات في ثلاث مجموعات كلية:

1. التعرف على المشكلة،وتوضيحها بدقة.

2. اتساق المعلومات منطقياً.

3. حل المشكلة،واستخلاص النتائج.(مرجع سابق، 1999، 65-66)

وتشير الدراسات إلى وجود علاقة بين القدرة على اكتساب مهارات التعليم الناقد وبعـض سمات الشخصية كالإنفتاح العقلي والمرونة والاستقلالية في اتخاذ القرار، وتقدير الذات المرتفع، والثقة في النفس، وعلـى النقد أو الناقـد أن يعلـق الأحكـام المسـبقة، أو يطرحهـا مؤقتـاً، وأن يستخدم الشك المنهجي والتأملي تجاه الافتراضات القائمة كما حدث مع فلاسفة الشك المنهجي أمثال ديكارت، وأن ينأى عن التحيز، وأن يلاحظ مصداقية مصدر المعلومـات، ومـن خصائص المفكر الناقد:

1. يحاول فصل التفكير العاطفي عن التفكير المنطقي.

2. يلاحظ عملية توظيف المعلومات،ويستفسر عن الأمور المبهمة.

3. يبحث عن الأسباب والبدائل.

4. يأخذ جميع جوانب الموقف بنفس الأهمية.(مرجع سابق،74، 1430هـ)

4- التفكير الابتكاري (الابداعي):

يستخدم التفكير الابتكاري مهارات التفكير الناقد ليس مـن أجـل أن يتحقـق مـن صـدق قضية، ولكن لكي ينتج أشياء جديدة وذا قيمة في نفس الوقت، حيـث إن العمـل الابـداعي أو الابتكاري يتطلب اكتشاف شيء لم يكن معروفا من قبـل، او اخـتراع شـيئا يخـدم غرضا مـا، أو إبداع شيئا ما في مجال ما.(مرجع سابق، 2003، ص171)

ومن اهم خصائص التقويم النفسي المعاصر زيادة الاهتمام بالتفكير الابتكاري مسايرة للنشاط المتزايد في مختلف ميادين علم النفس، كما إن الاهتمام بالتفكير الابتكاري يعبر عن حاجة المجتمعات المعاصرة لزيادة وتنمية ثروات البشرية من العلماء. كما أن التفكير الابتكاري هو المبادأة التي يبديها الفرد في قدرته على التخلص من السياق العادي للتفكير، واتباع نمط جديد، او هو عملية إدراك الثغرات وما بين المعلومات من اختلال أو عناصر مفقودة او عدم اتساق، ومن ثم وضع الفروض واختبارها للوصول إلى حل جديد، وربما يكون التفكير أو الحل الابتكاري تفسيرا لظاهرة ما، ومثال ذلك ما توصل إليه جاليلو، كما انه من الممكن أن يكون إنتاجا لشيء جديد وتنبؤ لحدث في المستقبل. (مرجع سابق، 2003،ص171-172)

والمظهر الفريد للتفكير الابتكاري هو تنوع الاستجابات الناتجة، ولا يتجدد الناتج تماما بواسطة البيانات المعطاة؛ فالإنتاج الابتكاري لفئة من الأفكار يعتقد إنه مظهر فريد لعامل يعرف بـ (المرونة التلقائية)، ويوضح ذلك من خلال الاستعمالات المتعددة لشيء ما غير الاستخدام الأصلي، حيث يطلب من المفحوص أن يفكر في أكبر عدد من الاستخدامات المختلفة والممكنة لقالب الطوب العادي، وإذا كانت استجابته بناء منزل (مدرسة، مسجد)، فقد يحصل على درجة عالية في الطلاقة الذهنية، ولكنه يحصل على درجة منخفضة في المرونة التلقائية؛ لأن جميع هذه الاستعمالات تقع تحت نفس الفئة، وإذا أجاب شخص آخر بأن فوائد الطوب العادي بناء السلالم ووضع قطعة منه على الاوراق، فإنه يحصل على درجة عالية من المرونة التلقائية؛ لأنه انتقل من فئة إلى فئة اخرى. (جابر عبد الحميد،1997،ص216-217)

مكونات التفكير الابتكاري:

يتفق معظم علماء النفس على أن هنالك بعض القـدرات التـي تعـدّ أساسـية في التفكير الابتكاري، ومن اهمها:

1ـ الحساسية للمشكلات: وتتمثل في قدرة الفرد على إدراك جوانب المشـكلة في موقـف أو مجال معين.

2 ـ الطلاقة: وتدل على قدرة الفرد على إنتاج اكبر عدد من الأفكار أو الكلمات خلال فترة زمنية معينة.

3 ـ المرونة: وتدل على قدرة الفرد على إنتاج اكبر عدد من الاستجابات والحلول المختلفة والمتنوعة والممكنة أثناء المواجهة للمشكلات المختلفة.

4 ـ الأصالة: وتدل على قدرة الفرد علـى إدراك الأشـياء في صـور جديـدة غـير مألوفـة أو إدراك علاقات نادرة جديدة أو إنتاج أفكار وحلول واستجابات لا ترتبط ارتباطا مباشرا بالسؤال أو المشكلة موضوع الدراسة.(مرجع سابق،2003،ص195-196)

مراحل التفكير الابتكاري:

1) مراحل الإعداد والتهيؤ:

عندما يتعرض الفرد لمثيرات تستثيره وتحفزه، ويحاول أن يحدد المشكلة ويجمع البيانات عنها، ومن ثم يمكن القول إن كل عمل مبتكـر تسبقه مرحلة إعـداد ومحاولـة التعـرف علـى المشكلة وتحديد المواد الأساسية اللازمة لحلها.

2) مرحلة الحضانة:

بعد مرحلة الإعداد و جمع البيانات يبدأ الفرد فترة من الهـدوء حيـث يعمـل العقل في هدوء، محاولا اكتشاف علاقات جديدة قد ترتبط بالمشكلة.

3) مرحلة الإشراق:

من خلالها، يظهر حل المشكلة فجاة أو تظهر العلاقة أو الفكرة الجديدة، وهذا نوع مـن الاستبصار الناجم عن المـرحلتين السـابقتين إذ يقـوم الفرد بإعـادة تنظيم العلاقـات والأفكار وصولا لحل المشكلة.

4) مرحلة التحقق:

حيـث يـتم التحقـق مـن إمكانيـة تطبيـق الفكـرة أو الحـل وتنفيـذها عمليـا. (مرجـع سابق،2003،ص195)

5- التفكير وحل المشكلة:

تعرف على أنها: نوع من التفكير الموجه، ويمكن ان ينضوي تحتها أنواع التفكير السـابقة: أي التفكير الناقد، والتفكير الابتكاري.

ونجاح الفرد في الحياة يتوقف إلى حد كبير على قدرته على حل المشكلات؛ فعندما توجد المشكلة فإننا نرغب في الوصول إلى هدف ما، ويبدأ حل المشكلة عادة بتصور مجال المشكلة وفهمها.

وهنالك بـرامج متعـددة لـتعلم الطـرق العامـة لحـل المشكلة ومنهـا، برنامج التفكير الانتاجي، وبرنامج حل المشكلات المثالي، وهذه البرامج تلعب دورا في تحسين جوانـب التفكير، وقد تؤدي إلى تنمية مهارات حل المشكلات، ولذلك

عن طريق تدريب الطلاب على فهم المشكلة، والبحث عن الحلول البديلة لها وتقويم الحل النهائي. (Glover,1990,150)

وبناء على ما سبق فإن مفهوم حل المشكلات يتطلب ثلاثة مكونات أساسية، وهي:

1. مجموعة من المعلومات المعطاة، وتمثل وصف المشكلة.
2. مجموعة من العمليات أو الأفعال التي يمكن ان يوظفها الفرد للتوصل إلى حل المشكلة.
3. وصف حل المشكلة. (واحات تربوية، 2002)

ومن ثم تعرف المشكلة بأنها الحالة او الموقف الذي يوجد به بعض المعوقات بين المعلومات المعطاة والهدف، وعلى هذا يمكن القول إن الموقف المشكل او المشكلة المعقدة تحتاج إلى مهارات يتم من خلالها تفحص البدايات والنهايات، وخطوات وسيطة قبل الوصول إلى الحل، كما أن حل المشكلة الإنسانية تتضمن هدفا ما وعقبات دون تحقيقه، حيث يواجه الفرد هدفا ما ويواجه صعوبات تعترض وصوله إليه، وتستثار دافعيته لتحقيق الهدف للتغلب على العقبات وعلى المعلم مراعاة الأسلوب المعرفي للمتعلم (متسامح، خبرة غير واقعية) (متامل، إندفاعي) عند حل المشكلات.(مرجع سابق، 2001، ص225)

وقد ذكر إن هناك فئتين من المشكلاتن وهما:

- **المشكلة جيدة التعريف أو ذات البنية جيدة التحديد:** حيث تكون المعلومات المعطاة، والعمليات التي يقوم بها الفردللتوصل إلى الحل، والهدف الذي يشكل الحل جميعها محددة بصورة كاملة.

— **المشكلات ذات البنية ضعيفة التحديد:** عدم تقييم المعلومات والعمليات التي يمكن استخدامها في بداية الحل. (سهير محفوظ،1985،ص44-47)

خطوات (مراحل) حل المشكلة، وهي:

1. **التعرف على المشكلة:** يحتاج الفرد قبل حل المشكلة أن يفهم ويتصور ويدرك ماهية المشكلة بالضبط،، ويتصل ذلك بخصائص كل من الفرد وموضوع المشكلة.

2. **تكوين تصور داخلي للمشكلة:** بعد التعرف على المشكلة لا بد للفرد من تكوين خريطة عقلية لعناصر المشكلة محل البحث والدراسة، حيث يدرس العلاقات المحتملة، والهدف الموجود في المشكلة، وهذا التمثيل الداخلي يساعد على فهم المشكلة والتفكير في حلها.

3. **التشفير:** ويقصد به أن يقوم الفرد بتخزين خصائص المشكلة في الذاكرة العاملة واسترجاع المعلومات المرتبطة بهذه الخصائص في الذاكرة طويلة المدى.

4. **التخطيط:** حيث يقرر الفرد بعد ذلك (أي بعد التعرف على المشكلة وتمثيلها بيانيا) ماذا سيفعل ؟؟ يقوم الفرد بوضع خطة تحتوي على المصادر المتطلبة لحل المشكلة، ويتضمن التخطيط تقسيم المشكلة، وتتابع العمل في المشكلات الفرعية في المشكلة الأساسية.

5. **اختيار استراتيجيات الحل:** على الفرد ان يختار استراتيجية الحل التي سوف يتبعها فهو قد يستخدم ما يسمى بالاستراتيجيات

الكلية، و من خلالها يتم فحص واختبار كل الفروض المستخدمة في الحل، او يستخدم الاستراتيجية الجزئية حيث يعدل في المفهوم الحالي، وعليه ان يتذكر أي الفروض استخدمها ورفضها، حتى يتم تكوين المفهوم الصحيح والوصول إلى الحل.

6. **مراقبة الحل:** تتضمن سيطرة الفرد على التمثيل الداخلي الذي كونه للمشكلة، وقد يحتاج إلى صياغة أهداف جديدة كلما تحقق من أن الأهداف المبدئية لا تمكنه من الوصول إلى الحل المناسب. (مرجع سابق،2003،ص176-178)

6- التفكير وتكوين اكتساب المفاهيم:

تلعب المفاهيم دوراً مهماً في اكتساب وتكوين نمو المعرفة لدى الطفل بصفة خاصة، وذلك لما تقوم به في مساعدته على تذكر وفهم طبيعة ما يتعلمه، ومن ثم تفسير الظواهر المختلفة حوله، و يذكر أبو حطب وآمال صادق: أن دور المفاهيم في السلوك الإنساني يتمثل في مجموعة من الوظائف أهمها: اختزال التعقد البيئي، واختزال الحاجة إلى التعلم المستمر، وتوجيه النشاط التعلمي، وتسهيل عملية التعلم، وذلك باعتبار أن المفهوم عندهما (فئة من المعلومات أو المثيرات فيها خصائص مشتركة، ويتضمن ذلك عمليتي التمييز والتعميم، كما يتضمن عملية التصنيف).(أبوحطب،آمال صادق،2000،ص597)

وقبل التعرض للمفاهيم الأساسية والمصطلحات المرتبطة بالتصورات النظرية التي حاولت فهم ودراسة ونمو واكتساب المفاهيم لدى الطفل ـ على الرغم من اتفاق بعضها وتضارب البعض الآخر ـ أود أن أشير إلى أن هناك

محاولات ودراسات تجاوزت تصورات مرحلة ما قبل العمليات عند بياجيه: كنمو واكتساب الرموز، إذ يكتسب الطفل إمكانية تمثيل الحوادث والموضوعات بنوع من الرمز الداخلي في صورة كلمات أو صور ذهنية، في حين أن نمو واكتساب القدرة على الاستدلال تتمثل في رؤية الطفل للعالم من خلال رغباته الخاصة، والتمركز حول الذات حيث يركز الطفل في نفسه وفي خبرته كل شيء.

كما ان نمو واكتساب مفاهيم التصنيف حيث توضع وتصنف الأشياء وغيرها في مجموعات في صورتها البسيطة، ومن امثلة هذه الدراسات التي تناولت نمو اكتساب الطفل للمفاهيم الحسابية وغيرها في ضور افتراضات وتصورات مخالفة لبياجيه:

- دراسات سامي أو بيه (1984)، والتي اهتمت بدراسة نمو إدراك طفل المرحلة الابتدائية لمفهومي المجموعتين الآحادية والخالية.
- دراسة **Gopnike Graf**(1988) التي اهتمت ببحث دور المعالجات الاستدلالية في نمو واكتساب المعلومات والعلاقات السببية لدى اطفال فيما قبل الدراسة.
- دراسة **Hodges & French**،(1988)، التي بحثت دور معالجات ومفاهيم الجمع الحسابي في تسهيل أداء أطفال ما قبل المدرسة في اكتساب القدرة على إجراء المقارنة الجزئية والكلية.
- دراسة ميللر(1989) التي اهتمت بالفروق في اكتساب مفاهيم الاستدلال الكمي لدى أطفال ما قبل المدرسة من الجنسين.

— دراسة Perl mutter & Muller(1989) التي اهتمت بدراسة المفاهيم المرتبطة بمهام التحويل الحسابية لدى ثلاث عينات من اطفال ما قبل المدرسة لدى الجنسين.

— دراسة Koshmider(1991) التي اهتمت بنمو واكتساب الطفل لمفاهيم المهارات الحسابية.

— دراسة Bolton & Tait (1994) التي اهتمت ببحث الاستراتيجيات التي يستخدمها الأطفال في معالجة عمليات الطرح الحسابي.

— دراسة Sophian & Wood(1997) التي اهتمت ببحث ونمو واكتساب مفاهيم الاستدلال الكسري لدى عينات في اطفال ما قبل الدراسة، والصفين الأول والثاني الابتدائي من الجنسين.

— دراسة Fennema, Carpenter(1998) التي اهتمت ببحث الفروق بين الجنسين من الأطفال في اكتساب المفاهيم الكمية الحسابية كالطرح والإضافة والجمع.

— دراسة Kaczynski & Aneja(2002) التي اهتمت ببحث نمو واكتساب الطفل لمفاهيم المعالجة الكمية الاستدلالية والحسابية من الجنسين.

— دراسة Carmichael & Hayes(2002) عن اكتساب المفاهيم العملية لدى الأطفال من الجنسين. (مرجع سابق،2005)

المفاهيم الأساسية:

تعدّ دراسة المفاهيم والتعرف على انواعها والنظريات المختلفة التي تناولت كيفية اكتسابها وتكوينها لدى الأطفال بصفة خاصة، من الموضوعات ذات الأهمية البالغة، وقد أشار عدد من الباحثين إلى تعريف المفهوم على أنه:-

— " ربط وتكوين استجابة واحدة لمجموعة من المثيرات، وذلك في ضوء بعض العناصر المتشابهة بينها "

— " فئات عقلية يمكن اكتسابها للموضوعات والأحداث والخبرات أو الأفكار المتشابهة مع بعضها " ومن ثم فهي تسمح للطفل أو الفرد المتعلم تمثيل قدر كبير من المعلومات ذات الصلة بالموضوعات أو الأحداث او غيرها في نسق واحد عالي الرتبة والفعالية.

ويتضح مما سبق، أن المفهوم يتضمن فئة من المثيرات أو المعلومات او الأفكار ذات الصلة ببعضها، والتي تحتوي على خصائص وعناصر مشتركة، تمكن الفرد من إنتاج فكرة ذات خصائص مشتركة تتضمن التمييز والتعميم والتصنيف.(الشربيني، 2000،ص90)

تصنيف المفاهيم:

تصنف المفاهيم وفق نوعها أو كيفيتها كما يلي:

يصنف كل من بياجيه وفيجوتسكي المفاهيم وفقا لنوعها إلى:

— مفاهيم تلقائية؛ كمفهوم العدد، ويكتسبها الطفل من خلال احتكاكه بالبيئة والخبرات الحسية المباشرة.

– المفاهيم العلمية؛ كمفهوم خشن وناعم، ويكتسبها الطفل مـن خـلال خـبرات التفاعل داخل المدرسة.

أما عن تصنيف المفاهيم وفقا لكيفية تكوينها عند برونر فهي تتضمن:

– مفاهيم الربط: ومن امثلتها مفهوم المربع حيـث يجـب تـوافر أكـثر مـن خاصية واحدة في الشيء حتى يكتسب المفهوم.

– مفاهيم العلاقة: مثل مفهوم أقل من.

– المفاهيم الفصلية: وفيها اداة الفصل، ومن امثلتها مفهوم اكبر من او يساوي.

وتشترك المفاهيم في مجموعة من الخصائص يمكن تلخيصها فيما يلي:

1. قد يكتسب المفهوم نتيجة للتفكير المجرد، وليس بالضرورة من خبرات حسية فقط.

2. تعتمد المفاهيم في اكتسابها على الخبرات السابقة بالأشياء والأحداث بالإضافة إلى دور الجوانب الإنفعالية والإدراكية.

3. المفاهيم عبارة عـن تعميمات تنشأ مـن خـلال تجريد بعـض الأحداث الحسية ويتضمن ذلك التمييز والتصنيف.

4. تنظيم المفاهيم في تنظيمات أفقية ورأسية.

5. تتغير المفاهيم من البسيط إلى المعقد، ومن المحسوس إلى المجرد، ويعتمد ذلك على فرص التعلم المتاحة للفرد، و على ذكائه أيضاً.

6. تؤثر المفاهيم على التوافق الشخصي والإجتماعي للفرد.(مرجع سـابق،2000،ص67- (69

ومن الجدير بالذكر هنا ـ قبـل تنـاول التصـورات النظريـة التـي حاولـت فهـم ودراسـة اكتساب المفاهيم ـ إن تكوين المفهوم يعني: ان المفهوم قد اكتسب، واكتساب المفهوم: هـو نمط من انماط السلوك يظهر عند تعلم مفاهيم جديدة أو إجراء تصنيف جديد يعتمـد عـلى التعلم الإدراكي وأهم استجاباته " التسـمية " حيـث يجـب عـلى الفـرد أن يسـمي الفئة التـي تنتمي إليها مجموعة المثيرات أو المعلومات. (مرجع سابق،2000، 601)

وقد ذكر جابر عبد الحميد (1998،ص287) إلى إن اكتسـاب المفهوم هـو: عمليـة البحـث عن الخصائص، وحصر تلك التي تستخدم في التمييز بين الأمثلة واللا امثلة في الفئات المختلفة. ويذكر ماك شأن: إن أساس نشأة المفاهيم يكمن في قدرة الفـرد المتعلم عـلى إجـراء التصنيف للاشياء وغيرها إلى فئات، وان اكتسـاب وتكوين المفهوم يـرتبط بقـدرة الفـرد عـلى تصنيف المثيرات وعلى قدرته في اكتشاف التماثل والتشابه بين مجموعة من الأمثلة المتعـددة للمفهـوم الواحد، وأيضا في اكتشاف الاختلافات بين امثلة مجموعة ما في مقابل مجموعة اخرى، ويضيف ماك شأن إلى عملية التصنيف تمكن الفرد من استخدام نظام تجهيـز المعلومـات مـن تحديد المثيرات أو الخصائص التي يمكن معالجتها كأشياء واحدة، ومن ثم لـكي تـتم عمليـة التصنيف بطريقة وظيفية تنفيذية لدى الطفل يجب إمداده بمجموعة من التفضيلات التـي تمكنـه مـن تحديد المثيرات التي تساعده على تكوين واكتساب المفهوم.

وقد اشار ماك شأن إلى ان الدراسة التجريبية التي تمت على أطفال (9 أشهر فـأكثر) قـد اظهرت تمكنهم من اكتساب وتمييز موضوعات الفئة الواحدة عن طريق اللمس كما أوضحت أن الأطفال ما بين (12 إلى 24) شهرا يمكنهم التمييز بين الفئات المختلفة.

وقد اشار إيماز وكوين إلى أن الأطفال الرضع في عمر (3) أشهر يمكنهم تكوين فئة إدراكية يميزون فيها بين الحصان والحمار الوحشي والزراف، وذلك عند عرض صور للحصان كما انهم يتمكنون من تكوين فئة إدراكية تميز القطط عن الكلاب عن النمور، وذلك عندما تعرض عليهم صور للقطط.

ويذكر ماندلر وماكدونف أن الأطفال في عمر (7 ـ 11) شهر يتمكنون من اكتساب المفاهيم الكلية ذات الصلة بالحيوانات والنباتات ووسائل النقل، وذلك عن طريق المحاكاة أو التقليد المعمم، حيث يقومون بتعميم الخصائص التي يلاحظونها من خلال المواقف المختلفة، ولتوضيح ذلك نجدهم يربطون بين الحيوانات والأكل مثلاً، او عن طريق تعميم الخصائص الأساسية للموضوعات مثل الشرب بالنسبة للحيوانات (وذلك لدى الأطفال في عمر 14 شهر)

ويذكر ماك شان إن النظرية الكلاسيكية للمفاهيم باعتبارها النظرية السائدة في تكوين المفاهيم ـ إلى أن ظهرت نظرية ليفن والخصائص المتعلمة لروش ـ تفترض أن لكل مفهوم مجموعة من الخصائص المشتركة التي تساعد على اكتساب المفهوم، وينطبق ذلك على مفهوم المربع حيث يعرض على الأطفال إنه ذو شكل مغلق وله أربعة أضلاع متساوية الطول وزواياه متساوية.

بينما تركز نظرية اختبار الفروض عند ليفين على استخدام الأفراد لفرض عام مشترك عند اكتساب المفهوم ثم يقوم بعد ذلك بتحديد جميع الفروض المحتملة والممكنة لكي يدرسها ويختار من بينها ما يطلق عليه بالفرض العامل، بهدف تحديد استجابته وتعمل التغذية الراجعة التي يتلقاها الفرد على توجيه مسار الفرض العامل حيث يتم استبقاء الفرض العامل المتسق مع معلومات

التغذية الراجعة أو رفضه في حال تناقضه مع معلومات التغذية الراجعة ومن ثم اختيار فرض عامل جديد.

اما هوفمان وفرنوي يعتبرون أن نظرية روش للخصائص المتعلمة من النظريات الحديثة في اكتساب وتكوين المفاهيم حيث تعمل الخصائص المتعلمة كتمثيل موجز للمعلومات المرتبطة والمناسبة لاكتساب المفهوم بالإضافة إليها تعمل كل عدد الخصائص المرتبطة او غير المرتبطة، والأمثلة الموجبة لموضوع الاكتساب في مقابل الأمثلة السالبة مع بروز الخصائص على سرعة عملية الاكتساب، ومثال ذلك أن الطفل يكتسب مفهوم الحشرة أسرع إذا تم إعلامه أن لها ظهر منحني وطرفي استشعار، من إعلامه أنه ليس لها أرجل وليس لها قرون. (مرجع سابق،2005،ص40-42)

الإطار النظري المفسر لاكتساب وتكوين المفاهيم:

يهتم كثير من العلماء بدراسة مرحلة الطفولة وبصفة خاصة مرحلة الطفولة المبكرة، في محاولة إلقاء الضوء على طبيعة النمو فيها، وخاصة ما يتعلق بالنمو المعرفي، ومن ثم تتعدد التصورات النظرية التي تحاول فهم ودراسة النمو المعرفي لدى الطفل، وقد اتفق بعضها واختلف وتضارب الآخرون، وفيما يلي عرضا لهذه التصورات مع شيء من التركيز على نمو واكتساب المفاهيم.

أ) نظرية برونر في النمو المعرفي:

يعدّ برونر أحد علماء النفس المعروفين الذين اهتموا بدور البيئة والاكتشاف والخبرات الموجهه في التعلم كمدخل لتنمية التفكير وتطوره، حيث رأى أن التمثيلات المعرفية تعدّ الطرق التي يخزن ويعالج بها الطفل الخبرات

والمعلومات والمعارف التي يتفاعل معها، والأطفال يختلفون في طرق تمثيلاتهم المعرفية، وان للبيئة دور في ذلك، ويعتقد ان هناك ثلاثة مراحل يتم من خلالها اكتمال النمو المعرفي عند الطفل هي:

1 ـ المرحلة الأولى: التمثيل العملي (النشط): حيث يتم النمو المعرفي من خلال العمل والفعل كاللمس والمعالجات اليدوية المختلفة. (مرحلة الحركة والنشاط)

2 ـ المرحلة الثانية: مرحلة التمثيل الأيقوني: وتعبر عن فهم الأطفال للمعلومات عن طريق التصورات البصرية المكانية (أي تصبح الصورة محل تمثيلات الحركة والنشاط بالنسبة للأطفال الأكبر سنا)

3 ـ المرحلة الثالثة: مرحلة التمثيلات الرمزية: وفيها يتمكن الأطفال من اكتساب رمزي لتمثيل الأشياء، ويتم ذلك عن طريق استخدام اللغة والكلمات بدلا من استخدام الصور.

وقبل التعرض للتصورات النظرية التي تناولها البياجيون الجدد أمثال باسكال ليونن فإنه تجدر الإشارة إلى أن أوزوبل (صاحب التعلم المعرفي القائم على المعنى) يرى إنه عندما يكتسب الفرد معرفة ما فإنه يقوم بتمثيل واستيعاب هذه المعلومات على إنها جزء من بنيته المعرفية (عملية البناء الثانوي) حيث يتم ربط المعلومات الجديدة بما هو موجود لديه من المعلومات، وعندئذ يتم الاستيعاب وتحويل الاثنين معا إلى البناء الأصلي مما يعطي معنى لكلا الاثنين، وفي الواقع نجد إن عامل المعنى يلعب دورا هاما في أحداث شبكة من ترابطات المعاني داخل الذاكرة وكلما كانت مساحة شبكة ترابطات المعاني أكثر عمقا ـ (في ضوء مستويات التجهيز والمعالجة الأكثر عمقا) ـ كلما كان معدل استرجاع المعلومات أكبر.

ب) نظرية البياجيون الجدد:

في ضوء بعض جوانب النقد التي وجهت إلى نظرية بياجيه، وأهمها ما يتعلق بإغفال الفروق الفردية في النمو المعرفي وبصفة خاصة لدى الأطفال، وما يتعلق بمدى مناسبة تصورات بياجيه عن عالمية المراحل المعرفية في بيئات أخرى غير البيئة التي أجرى فيها بياجيه دراسته ؟ وما يتعلق بالاحتفاظ التقليدي وما يتطلبه من عمليات معرفية ومهارات تقف خلف معلومات العدد، ومن ثم فهم اقل تمركزا حول الذات عما تصور بياجيه.

يذكر باسكول ليون إن نمو سعة الذاكرة العاملة هو السبب الرئيسي الذي يساعد الأفراد على استخدام انماط تفكير مختلفة في المستويات العمرية المختلفة، وكلما تقدمت سعة الذاكرة مع تقدم عمر الطفل فإنه يتمكن بالتالي من معالجة أكبر قدر من المعلومات المخزنة لديه، ويشير باسكول إلى إن الانتقال من مرحلة ما قبل العمليات إلى مرحلة العمليات المحسوسة يحتاج إلى مقدار أكبر من المعلومات حتى يتمكن الفرد او الطفل من تخزين كماً كبيرا من المعلومات المخزنة في الذاكرة، وفي ضوء ذلك فإنه يرى إنه ما لم يتم نمو أو زيادة في ستويات السعة العقلية فإنه لن يتم الانتقال من مرحلة نمائية أخرى.

وفي هذا الصدد يذكر كل من (**Lemaire Abdi & Fayol**)، في عرضهم لنظرية المصادر الانتباهية أن اداء الفرد يعتمد بدرجة كبيرة على المصادر الانتباهية المتاحة وعلى المعلومات الكثيرة التي يتم تجهيزها أثناء هذه المهمة، ومن ثم أشاروا إلى أن الفروق في المعالجة الحسابية (كالجمع الحسابي) ترجع إلى الكفاءة الإنتباهية لدى الأطفال وذلك خلال التحويل الشفري لمهام الجمع الحسابي وهذا بدوره يؤكد على دور مصادر الذاكرة العاملة في التحقق من حل المهام الحسابية.

وقد استخدم روبي كيس مفهوم السعات العقلية في مهام عديدة من اجل بلورة تصوره النظري في النمو المعرفي لدى الأفراد، ويرى أن العمليات الارتباطية تلعب دورا مهماً في اكتساب المعلومات التي تكتسب بدورها شيئا فشيئا لدى الأطفال، كما يؤكد على دور الذاكرة العاملة، وذاكرة المدى القصير، وسرعة التجهيز في تحديد نوعية تفكير الأطفال وتتابع نموهم.

وقد افترض كيس أربعة مراحل للنمو المعرفي تحتوي كل منها على ثلاثة مراحل فرعية، ورأى أن كل مرحلة تحتاج أو تتطلب مستويات أكثر تعقيدا وتركيبا في العمليات التي يعالجها الفرد حيث إن سعة التجهيز تزيد مع زيادة العمر الزمني للفرد، ومن ثم فهو يرى أن الأطفال يمكنهم معالجة المعلومات باستخدام مجموعة من البيانات ذات المفاهيم المركزية تعمل من خلال شبكة مفاهيم وعلاقات داخلية للمعلومات عندهم، ويعني ذلك الأمر عند (ماكليلاند وهنتون و هارت، 1987) أن عقل الطفل يحتوي على شبكة واسعة من العقد العصبية كل منها محتوى رمزي، حيث تلعب العمليات الترابطية (الارتباطية) دورا هاما في الاكتساب والتعلم عنده، كما يشير اندرسون إلى أن (كيس) يرى متطلبات الذاكرة العاملة تختلف باختلاف أنماط كل مشكلة تعرض على الطفل (بصفة خاصة حل مشكلات كميات عصير البرتقال للأطفال من 3 إلى 10 سنوات)، فاطفال الثالثة والرابعة من العمر يمكنهم الاحتفاظ فقط بحقيقة واحدة في العقل، وهي أن الكؤوس الصغيرة بها عصير البرتقال.

وعلى الرغم من ذلك ينقد Flavell، تصورات كيس حيث يرى أنه من الصعب تحديد متطلبات الذاكرة العاملة، ومن ثم عدم إمكانية حساب النسب التي يتقدم بها الطفل نمائيا.

إلا أن كيس يرى زيادة سعة الذاكرة العاملة تسرع عمل الوظائف العصبية، والدليل في ذلك إن مادة الميلانين تزيد بزيادة العمر الزمني في المحاور العصبية لدى الفرد مما يمكننا من تحديد نسبة أو معدل نقل المعلومات.

وعلى هذا يشير كيس إلى دور الممارسات والخبرات التي يمر بها الطفل لحل المشكلات، وذلك لأن هذه الخبرات تجعل الفرد في غير حاجة لسعات كبيرة من الذاكرة العاملة عند حل المشكلات وغيرها من المهام.

وفي هذا الصدد يذكر kale & Park أن معدل تجهيز المعلومات يزيد بتقدم العمر الزمني للفرد مما يزيد قدرته على الممارسة.

وعلى هذا يذكر اندرسون أن الخبرات والممارسات تتأثر بدور الذاكرة حيث تبين أن الأطفال الذين يجدون صعوبة في الأداء على مهام الذاكرة بسبب عدم معرفتهم للاستراتيجيات التي تعمل على تحسين الذاكرة كإستراتيجية التسميع وإستراتيجية التسميع اللفظي تتأثر قدرتهم على معالجة أبعاد المعلومات، وفي مقابل ذلك يتحسن الأداء لدى الأفراد الذين يستخدمون استراتيجيات التحويل الشفري التفصيلية لزوجين مرتبطين من الأسماء. (مثل سيدة X مكنسة)

وفيما يتصل بنمو الأداء على مهام المعالجة الحسابية لدى الأطفال يشير (& Bolton Tait)، في مقالتهما عن الاستراتيجيات المستخدمة في عملية الجمع الحسابي إلى أن قدرة الأطفال على تجهيز المعلومات تزيد بزيادة العمر الزمني وإلى أن سعة التجهيز تختلف لدى الأفراد وتتأثر بالنضج والنمو لديه ومن ثم يختلف عبئ التجهيز (كمية المصادر أو المجهود العقلي المتطلب للاداء على المهام) لدى الأفراد، وعليه فإن العبئ المعرفي لدى الطفل سوف يكون

كبيرا في حالة وفرة المعلومات التي يجب على تجهيزها عندما يحدث تقسيم للانتباه بين مصدرين مختلفين للمعلومات.

فإذا لم يفهم الطفل القيمة المكانية للرقم مثلا، كان عليه استخدام المماثلة لكي يعالج ويحل مهمة الجمع المقدمة إليه وإلا سوف يزداد عبء التجهيز عليه وتستخدم نظرية الخرائط البنائية لـ (هارلفارد) في تقدير وحساب النمو المعرفي لدى الطفل في حدود التركيب والتعقيد البنائي للمهام آخذين في الاعتبار عبء تجهيز المعلومات والسعة، وذلك بما يمكن من تفسير عبء التجهيز المتضمن في التمثيلات العيانية والاستراتيجيات الأخرى (كإستراتيجية العدد، التماثل) لدى الأطفال، وفي مرحلة ما قبل المدرسة يقوم الطفل بتحليل مهام الجمع البسيط،، فعلى سبيل المثال يتم التمثيل المباشر للعملية الحسابية باستخدام أشياء طبيعية أو باستخدام استراتيجية العدد، ويتأثر ذلك بمدى تعقد المهمة، وبكبر أعدادها.

كما اشار Bolton إلى أن أداء اطفال السادسة من العمر الزمني يتطور وينمو اداؤهم عندما يستخدمون استراتيجياتهم الخاصة بهم في تمثيل مهام الطرح الحسابي (بداية من استخدام الأشياء الطبيعية ثم استخدام الاستراتيجية العددية إلى معرفة حقائق الأرقام واستخدامها في الاستدعاء)، وبزيادة العمر الزمني أي في التاسعة من العمر فإن تفسيراتهم وحلولهم لمهام الطرح وغيرها تؤسس على معلومات القيمة المكانية للعدد وعلى تحليل العشرات والمئات مع الأشياء الملموسة.

ويذكر Schwartz & Moore أن اطفال الخامسة يمكنهم معالجة ومقارنة بعض الأعداد النسبية مثل (3/2، 3/1) ويرجع ذلك إلى انهم يمكنهم معرفة العلاقة بين الأعداد النسبية الكسرية ذات المقام الواحد وفي مقابل ذلك

نجدهم يفشلون في معالجة ومقارنة الكسور التي لا تحمل ذات المقام مثل (5/2، 2/1).

أما هيوتنلوشر 1979، فقد اهتم بكثافة السيلات العصبية (عدد السيلات العصبية من نيورون إلى آخر) وذكر إنه يزيد نمو المخ لدى الطفل حتى عمر الثانية، وبعد ذلك يتناقص نموه بالتدريج، وقد برهن جولدمان، على أن اداء الأطفال الصغار في المهام المعرفية (مثل مهمة ثبات الشيء) يعتمد على إنجاز مستوى معين من كثافة السيلات العصبية ونموها، وهذا الأمر يوازي حدوث النمو في سعة التجهيز عنده، ومن ثم يمكن القول بان النمو المعرفي بعد سن الثانية يعتمد على المعلومات التي يخزنها الطفل بالإضافة إلى النمو في السعات العقلية لديه. (مرجع سابق،2005،ص42-49)

7- التفكير ومهارات واستراتيجيات ما وراء المعرفة:

هذا المصطلح أو المفهوم (ما وراء المعرفة) يشير إلى التأمل والتعمق في فهم المعرفة والمعلومات التي يمتلكها الفرد وإلى الطريقة التي يخطط، وينظم،ويتحكم، ويضبط، ويواجه بها الفرد عملية التعلم الخاصة به.

ومع مطلع القرن الحادي والعشرين زادت متطلبات الواقع وتحديات المستقبل، و لم تعد مسؤولية المعلم نقل المعرفة إلى طلابه فحسب، بل أصبح من الضروري أن يدربهم ويوجههم على كيفية الحصول على المعرفة واستخدامها بما يحقق نموهم الذاتي.

فدور المعلم قد تغير من معلم للنقل المنظم للمعلومات إلى معلم مفكر بناء معالج للمعلومات واعي بتفكيره متخذ للقرارات ممارس ومستخدم للمعرفة، ولكي يتم التحقق من ذلك أصبح من الضروري الاهتمام بأساليب إعداده

بهدف إطلاق طاقات الإبداع لديه والخروج من ثقافة تلقـي المعلومـات إلى ثقافـة بنـاء المعلومات ومعالجتها وتحويلها إلى معرفة، تتمثل في اكتشـاف علاقـات وظـواهر ليـتمكن مـن الانتقال من مرحلة المعرفة إلى مرحلـة مـا وراء المعرفـة، والتـي تتمثـل في التأمـل والتعمـق في فهمها وتفسيرها بهدف استكشاف أبعاد الظواهر والاستدلال على أبعادها المستترة مـن خـلال منظومات حية من البحث والتقصي.

وقد زاد الاهتمام في الفترة الأخيرة على تنمية مهارات واستراتيجيات ما وراء المعرفة لـدى المتعلمين سـواء كـان ذلـك في مراحـل الـتعلم العـام أو في الـتعلم الجـامعي للفوائدالمتعـددة لهم،ويستخدم مصطلح ما وراء المعرفة إلى الـتحكم (المراقبـة) في تعلـم تفكـير الفـرد متضـمنا إعداد الخطط في بداية مراحل عمليات التعلم والتفكير والتنظيم أثناء هـذه المراحـل، والتامـل والتعمق في الخطوات من اجل إعادة الترتيب ومتابعة حل المشـكلات، ومـن ثـم فـإن مـا وراء المعرفة تعمل على إعادة تنظيم تعلـم وتفكـير الفـرد عـن طريـق الـتحكم والمراقبـة للمعرفـة وإعادة التوجيه لها بما يساعد على التنبؤ بإنجاز الفرد أو ما يمكن إنجازه من عمليات تنفيذية. (وليم عبيد،2000،ص307)

ومصطلح ما وراء المعرفة يتخطى بذلك مصطلح المعلومات فليست هناك معلومات خام تهيم على وجهها دون مرشد أو موجـه أو حتـى دون نمـط معـرفي يوجههـا، وذلـك باعتبـار أن المعرفة هي مفتاح التقدم للمجتمعات، ومن ثم يمكن القول إن إدارة واستثمار المعرفة تعكس الوعي المتزايد بأهميـة الـدور الـذي تلعبـه المعرفـة ومـا وراء المعرفـة في تحديـد قـدر الأمـم، وبضرورة إنتاج المعرفة ونشرها وتطبيقها لأننـا ننشـد المعلومـات بـذاتها لمـا فيهـا مـن دلالـة ومعنى، ومن

ثم يمكن القول إن المعرفة مسعى ونتيجة لما أبدعه البشر- وهي العنوان الأفضل والصحيح للحضارة الإنسانية.

وفي هذا الصدد يشير دانلد تريفنجر في كتابه (تنمية الابتكارية: مسائل واتجاهات مستقبلية) إلى ان متغيرات ما وراء المعرفة تسهم في تحسين الأداء على مهام حل المشكلة، متوسطة الصعوبة وغيرها (كالابتكارية) حيث يتمكن الفرد من إيجاد واستخدام وتعلم استراتيجيات الحلول الممكنة، ويذكر براون فيما يتعلق في الأنشطة المستخدمة في مهارات ما وراء المعرفة: مهارات تنظيم ومراقبة التعلم، ومهارات التخطيط من أجل التنبؤ، وتوضيح وتفسير البيانات وجدولتها وعرضها.

ومن الاستراتيجيات المعرفية المستخدمة في ما وراء المعرفة في القراءة مثلا: تحديد الغرض من القراءة، وتعديلها في ضوء إمكانية تحقق الغرض، والتعرف على الأفكار الهامة، وتنشيط المعرفة السابقة، وتقويم النص من اجل الوضوح، وتقدير مستوى الفهم لدى الفرد. ومن ثم فإن استراتيجيات ما وراء المعرفة تتضمن التوجيهات الدافعية للفرد نحو التعلم أو نحو الدرجة بصفة عامة. (مرجع سابق،2005، 51-52)

طبيعة ومكونات ونمو ما وراء المعرفة:

يعتبر جون فلافل الرائد الأول في دراسة ما وراء المعرفة، حيث تقوم تحليلاته على تقسيم مكونات المعرفة والمعلومات في أنشطة ما وراء المعرفة، ويرى أن التعليمات التي يحصل عليها الفرد أثناء عملية التعلم تمكنه من اكتساب معلومات ما وراء المعرفة. وقد اعرب عن آماله في التمكن من الحصول على نماذج عريضة وواسعة وشاملة لما وراء المعرفة،ويذكر فلافل أن

ما وراء المعرفة عبارة عن: معارف ومعلومات عن الموضوعات المعرفية للأشياء، وإنها تتضمن المعارف والمعلومات النفسية والمعرفية عن الأشياء، فمثلا: لو كانت لدى فرد معلومات أو معرفة عن مشاعر فرد آخر فإنه يمكن إعتبار ذلك ضمن ما وراء المعرفة، كما أن أي نوع من التحكم في تعلم الفرد يمثل شكلا من اشكال ما وراء المعرفة، ومثال ذلك محاولة التحكم في نشاط حركي في اي موقف حركي مهاري.

ويقسم فلافل متغيرات ما وراء المعرفة إلى ثلاثة فئات هي:

أ ـ متغيرات الفرد:

وهي تشير إلى نوع المعرفة والمعتقدات التي اكتسبها الفرد، وهي تعنى بمعرفة الفرد سواء كانت في الجوانب الوجدانية أو الدافعية (كالتوجيهات للدافعية: توجه نحو التعلم، توجه نحو الدرجة)، وتقوم المتغيرات داخل الفرد (المعتقدات) بتمكينه من معالجة الأنواع اللفظية للمعلومات، وهي تعبر عن تباين ميوله أو استعداداته، اما عن المتغيرات بين الأفراد فهي تتمثل في الاحكام والتقديرات التي يتفوق فيها فرد على آخر.

ب ـ متغيرات المهمة:

عندما يعالج الفرد مهمة ما، فإنه يعرف ويتعلم أشياء عن طبيعتها ومن خلال المعرفة المتحصل عليها من الخبرات السابقة (الوافرة) يتمكن الفرد من تجهيز المعلومات أو يحتاج الفرد إلى تجهيز هذه المعلومات بعمق بهدف الفهم والاكتساب، كان يستخدم الصوت المرتفع (ما وراء المعرفة) عند فهم المدخلات وتجهيزها، ويتطلب ذلك تعلم التجهيز الذاتي ومعرفة متطلبات المهمة.

ج ـ متغيرات الاستراتيجية:

يقترح فلافل أنه يمكن التمييز بين الاستراتيجيات المعرفية أو استراتيجيات ما وراء المعرفة، فالأولى عبارة عن طرق وتكنيكات صممت كي يحصل الفرد على اهداف معرفية مثل قراءة نص ما ببطء بهدف تعلم المحتوى، اما إذا قام بقراءة النص مرة اخرى وبسرعة بهدف الحصول على فكرة عن مدى سهولته او صعوبته فهناك استخدام الاستراتيجيات وتكنيكات ما وراء المعرفة، ومن ثم يمكن القول إن استخدام استراتيجيات المعرفية يكون بهدف عمل تقدم معرفي في موضوع ما، بينما يكون استخدام استراتيجيات ما وراء المعرفة بهدف التحكم في هذا التقدم المعرفي والثقة في الحلول للتوصل إلى الهدف (أي انها تتضمن مهارات الوعي والمراقبة والتنظيم والتوجيه للعمليات المعرفية بما يتناسب مع طبيعة وخصائص المعلومات ومتطلباتها).

ويشير إلى دور تفاعل متغيرات الشخص، المهمة، الاستراتيجية في تكوين خبرات ما وراء المعرفة باعتبارها خبرات واعية، ومعرفية، ووجدانية تلعب دورا هاما في الحياة المعرفية اليومية للفرد.

واخيرا يطرح فلافل مجموعة من المفهومات التي ترتبط بما وراء المعرفة منها: العمليات التنفيذية والعمليات الرسمية والوعي او شعور المعرفة الاجتماعية، فعالية الذات، التأمل والوعي بالذات، والموضوع النفسي، وترتبط متغيرات بما وراء المعرفة عنده بالنمو في التفكير، والتعلم، والعمليات المعرفية الأخرى، وبنظرية العقل.

وفي هذا الصدد يشير كل من **(Ford Welssbein, Smith & Gully)** و **(Arnell & Duncan)**، إلى ان ما وراء المعرفة تعنى وتهتم بالفهم والمصادر المعرفية، كما انها معلومات تنظم أي جانب في التجربة

المعرفية، وتتضمن التنظيم الذاتي الموجه في التعلم وحل المشكلات بما فيه من عمليات الفحص والتخطيط والتحكم والانتقاء و المراجعة للاهداف، ويعتمد ذلك على ألفة المفحوص بالمهمة ودافعيته وعلى تنظيم عمليات التفكير عنده في مجال ما. (محمودأحمد، 1993، ص254-256)

أدوات ووسائط ما وراء المعرفة:

يذكر (Karpov & Haywood) أن مهارات ما وراء المعرفة تشير إلى اكتساب ادوات تتعلق بالتنظيم الذاتي الموجه، وعندها قام بتحليل مفهوم Vygotsky عن التوسط المعرفي (كيفية اكتساب المفهومات العملية وجوهر الظواهر) عن طريق استخدام ودراسة الميكانيزمات العملية العقلية والأدوات النفسية كاللغة والإشارات والرموز كوسائط تمكننا من تحديد الجوانب الرئيسية لأدوات ووسائط ما وراء المعرفة: كالتخطيط الذاتي، تنظيم الذات الموجه، التحكم الذاتي، والفحص الذاتي، والتقويم الذاتي.

وهذه الأدوات والوسائط تعمل على تيسير النمو في العمليات النفسية بصفة عامة، وعمليات التنفيذ بصفة خاصة، ومثال ذلك عندما تقول الأم لطفلها: (لا) لكي تمنعه من فعل شيء فيه خطرعليه، فإنها تنظم سلوك الطفل وتمده بأداة للتنظيم الذاتي الموجه، وهنا يقوم الطفل بعمل حديث داخلي متمركز حول الذات لاستدخال التنظيم الذاتي لينظم سلوكه.

وفي ضوء ما سبق يمكن القول بأن تفكير الفرد في ما يعرف يطلق عليه معلومات ما وراء المعرفة وإن إدارة واستخدام واستثمار الفرد للعمليات المعرفية يسمى مهارات ما وراء المعرفة واستراتيجية ما وراء المعرفة (أي مهارة وإدراة واستثمار العمليات المعرفية أثناء معالجة المعلومات والمعرفة للاشياء،

والموضوعات، والمواقف)، ومن ثم فإن وعي الفرد بحالته الوجدانية والدافعية يقصد به الخبرات المتعلقة بما وراء المعرفة.

وقد تناول كل من (O'Neil & Abide) مفهوم ما وراء المعرفة على أنه الفحص الذاتي الذي يقوم به الفرد عند اختيار وتطبيق استراتيجية تعلم معينة أثناء نشاطه المعرفي.(مرجع سابق،1993، ص257)

الوعي بمهارات واستراتيجيات ما وراء المعرفة:

سبق الإشارة إلى أن مهارات ما وراء المعرفة (التخطيط ـ المراقبة والتحكم ـ التنظيم ـ التوجيه ـ التقويم ـ انتقاء الاستراتيجية المناسبة للتعلم)تشمل معرفة ومعتقدات الفرد عن العمليات المعرفية أثناء معالجة المعلومات.

وفي هذا الصدد يذكر (Wool Folk) أن مهارات ما وراء المعرفة تتضمن مكونين اساسيين هما: المعرفة الإجرائية للمهارات، والاستراتيجيات والمصادر والمتطلبات التي يحتاجها الفرد لأداء مهمة ما، ومثال ذلك: معرفة الفرد: ماذا يفعل ؟ وكيف يفعل ؟ ومتى يفعل ؟.

ويشير (Ormord) إلى أنه في حالة توجيه الأسئلة إلى الطلاب حول المعلومات والمعرفة التي تمت دراستها وفهمها فإننا بذلك نزيد وعيه ومعرفته، الأمر الذي يؤدي إلى تنمية قدراته على إنجاز المهام الدراسية باستخدام المعلومات بشكل جيد بما يمكنه من التفكير فيها، وحل المشكلات القائمة امامه، والاهتمام باهداف التعلم والانتباه الانتقائي، أثناء عملية التعلم، وتنشيط المعرفة والخبرات السابقة.

وفي ضوء ما سبق، يبدو ان نموذج فلافل يعد من النماذج الشاملة التي تناولت مكونات ما وراء المعرفة ومهاراتها حيث الاهتمام ينصب على

معلومات الفرد عن بنائه المعرفي، وطبيعة المهمة المعرفية التي يقوم بها، والاستراتيجية المناسبة لتنفيذ المهمة، وهذا ما يسمى عنده بالمحتوى المعلوماتي لما وراء المعرفة.

وقد اهتم فلافل ايضا بمهارات ما وراء المعرفة (كالتنظيم الذاتي ـ المراقبة ـ الخبرة ـ التقويم المطلوب للعملية العقلية التي يستخدمها الفرد) كما اهتم بخبرات ما وراء المعرفة (وعي الفرد بحالته الوجدانية والدافعية التي تتصل بالأداء على المهام) من اجل تحديد الاستراتيجية المناسبة للتعلم.

ومن استعراض النماذج المتعددة لمهارات ما وراء المعرفة يمكن تعريفها إجرائيا على أنها: " تمثل وعي الفرد باستخدام العمليات المعرفية " (التخطيط ـ المراقبة والتحكم ـ التنظيم ـ التوجيه ـ التقويم ـ انتقاء الاستراتيجية المناسبة للتعلم) في معالجة وإنجاز المهام المعرفية المختلفة.(مرجع سابق، 1993، 258)

استراتيجيات توجهات الدافعية:

كثيرا ما يناضل طلاب الجامعة من اجل تحقيق اهداف متعددة، بعض هذه الأهداف قد تكون عامة، بينما البعض الآخر محدد ة، ويتناول ما يريد الطلاب إنجازه في المقررات التي يدرسونها حيث أن الفرد يسعى خلال ـ عملية التعلم ـ إلى إنجاز وتحقيق بعض النجاح كالحصول على درجات جيدة، أو الحصول على احكام عن قدراتهم، بينما يسعى البعض الاخر إلى تحقيق الرغبة في الطموح، واكتساب المهارات والاتقان لعملية التعلم.

وتشير (اميس) إلى ان الأهداف التي يريد الطلاب تحقيقها او إنجازها تسمى بأهداف الإنجاز، وهي تعتبر عاملا هاما ومؤثرا في خبراتهم وطموحاتهم المعرفية.

هذا ويقسم (Wetzel) الأهداف إلى:

1) أهداف في ضوء (محتوى الهدف):

وهي تعتبر تمثيلات معرفية لأحداث مستقبلية، أي انها تتعلق بما يحاول الفرد تحقيقه في موقف معين، وهي تعد بمثابة دوافع قوية للسلوك، ومن امثلتها: الأهداف المرتبطة بمهمة كإتقان مادة التعلم او تحقيق مستوى معين من الإنجاز وتعلم الجديد، وأيضا الأهداف المعرفية المرتبطة بالجدة والابتكار وإشباع حب الاستطلاع، والبحث عن المهام المثيرة للتحدي.

2) اهداف في ضوء (توجهات الهدف):

وهي تتعلق بالمعتقدات التي تعكس سعي الطلاب للإنجاز والتحصيل الأكاديمي، وفي ضوء ما سبق يمكن استخلاص طريقتين أو استراتيجيتين لتوجهات اهداف الطلاب هما:

أ.   استراتيجية التوجه نحو التعلم: وهي تعبر عن الطريقة السائدة لدى الطلاب الذين يستفيدون من الخبرات المدرسية باعتبارها فرصة لاكتساب المعرفة والحصول على التنوير الشخصي والتعلمي.

ب.   استراتيجية التوجه نحو الدرجة: وهي تعبر عن الطريقة التي يتبناها الطلاب الذين يهتمون بالحصول على الدرجات في مقرر ما، ويعتبرونها سببا بحد ذاتها لأدائهم ونشاطهم داخل قاعات الدراسة.

هذا ويمكن تعريف استراتيجية التوجه نحو التعلم ـ من الناحية الإجرائية بناء على الدرجة التي يحصل عليها الطالب في استبيان التوجه نحو التعلم ـ الدرجة.

ويلاحظ هنا إنها من استراتيجيات ما وراء المعرفة حيث أنها تتضمن الـوعي والمراقبـة والتنظيم والتوجيه بهدف إجراء تقدم معرفي للعمليات المعرفية المستخدمة في التعلم.

كما انها تدخل ضمن وعي الفرد لحالته الوجدانية والدافعية (الخبرات المتعلقـة بمـا وراء المعرفة) وقد اشار (Pintritch) في نظرية الهدف المعياري التي تتعلق بتناول التأثيرات السلبية لتوجه الأفراد نحو الدرجة ـ إلى أن تعلق الفرد بالتوجه نحـو الدرجـة قـد يكـون لـه تـأثيرات سلبية على الإندماج في العمل، مما يؤدي بدوره إلى الحصول على مخرجات أقل إيجابيـة عـلى العملية التعليمية، وقد يحدث ذلك نتيجة للمشكلات التراكمية الناجمة عـن زيـادة القلـق، والشعور السلبي نحو العملية التعليمية وفقد الاهتمام طوال الوقت.

ومن ثم فإن (Dweck & Leggett) قد أشار إلى أن اهداف التوجـه نحـو الدرجـة تـرتبط بعدد من استراتيجيات التعلم منها: تجنب التحدي والمعالجة السطحية (غير المتعمقة) للمـادة الدراسية، والمثابرة المنخفضة في مواجهة مشكلات التعلم.

وفي مقابل ذلك نجد أن الطـلاب المـوجهين نحوأهـداف الـتعلم يفضلـون المهـام المثيرة للتحديث، ومواجهة المشكلات الصعبة، أو الفشل عن طريق زيادة الجهد والمثابرة، واستخدام استراتيجيات حل المشكلات الأكثر تعقيدا، و ينظرون إلى مواقف الإنجـاز عـلى انهـا تساعدهم على اكتساب المعرفة، ومن ثم يتجهون إلى إتقان المهام الجديدة، وعلى ذلك تتضمن أهداف التوجه نحو الـتعلم: الفعاليـة، والاهـتمام والجهـد والمثابرة، وتفضيل معالجـة المهـام المثيرة للتحدي، والتركيز على تنظيم وتوجيه الذات، ومن ثم يشـير كـل مـن (Hokoda & Fincham) إلى أن الطلاب الموجهين نحو اهداف التعلم

يهتمون بالمراقبة الذاتية لأنفسهم وينعكس ذلك على توقعات النجاح في المستقبل بدرجة عالية.

ويذكر(إيسون) أن الفرد المستخدم لاستراتيجية التوجه نحو التعلم يتميز بالثبات الانفعالي والثقة بالنفس وسعة الخيال والهدوء والاكتفاء الذاتي، وذلك عن نظيره الموجه نحو الدرجة، كما أنه يستخدم أساليب جيدة في التعلم، ومن ثم فإنه يستخدم الممارسات والمهارات التعليمية بشكل أفضل من نظيره الموجه نحو الدرجة.

وإليك تلخيص سمات الموجهين نحو التعلم ـ الدرجة كما يلي في الجدول:

جدول يوضح أبعاد مناخ الفصل المدرسي وكيفية إدراكه من جانب الطلاب الموجهين نحو التعلم ـ الدرجة:

أبعاد المناخ	التوجه نحو التعلم	التوجه نحو الدرجة
النجاح هو	التحسن والتقدم	الحصول على درجة مرتفعة أداء معياري أفضل
إعطاء قيمة	بذل الجهد والتعلم	القدرة المعيارية المرتفعة
يرجع الرضا والإشباع إلى	العمل باجتهاد في المهام المثيرة للتحدي	العمل أفضل من الآخرين
ينظر للأخطاء على أنها	كيف يتعلم الطلاب ؟	كيف يؤدي الطلاب ؟
محور الانتباه	عملية التعلم	أداء الطلاب مقارنة بالآخرين
أسباب بذل الجهد	تعلم شيء جديد	الحصول على درجة مرتفعة والأداء أفضل من الآخرين

محكات التقويم	مطلقة، وتتركـز عـلى تقـدم وتعلـم الطالب	معيارية (مقارنة الفرد بغيره من الأقران)

وعلى صعيد آخر اقتـرح (Pintritch) في نظريـة الهـدف المعدلـة: إن اعـلى مسـتوى مـن اهداف التوجه نحو الدرجة يرتبط إيجابا بمستوى مرتفع من فعاليـة الـذات، وإعطـاء القيمـة للمهمة وبقدر من قلق الامتحـان (الميسر ـ لعمليـة الـتعلم) وباسـتخدام اسـتراتيجية المخـاطرة وغيرها من الاستراتيجيات المعرفية وما وراء المعرفية.

وفي هـذا الصـدد توصـل كـل مـن (Harackiewicz Barron, Carter & Elliot) إلى ان اهداف التوجه نحو الدرجة (الأداء) قد تكمن من التنبؤ بالأداء الكاديمي في المرحلة التمهيديـة بالجامعة، في حين إن هذا غير وارد بالنسبة لأهداف التوجه نحـو الـتعلم (الاتقـان) بسـبب إن الأولى ترتبط بالسياق العام الذي يتم من خلاله تحديد الدرجات ومـدى الأداء،ولأن الـدرجات المعيارية تحدد النجاح على أساس أداء الآخرين الأقران، هذا فضلا على ان بعـض الاختبـارات التي تقدم لطلاب التوجه نحو الدرجة تعتمد على الحفظ والمستوى السطحي (غير المتعمق)، وفي مقابل ذلك وجد هاراكويز ومعاونيه: أن لأهداف التوجه نحـو الـتعلم تـأثيرا مباشرا عـلى دافعية الفرد وادائه، حيث يعمل الفرد على إجراء معالجة متعمقة للمعرفة والمعلومـات عـن طريق تركيزه الانتباه، وتعزيز الجهد والاندماج في المهمة، الأمر الذي قد يكون له عظيم الأثر في تيسير الأداء في المقررات المستقبلية في نفس الفرع من فروع المعرفة.

وفي ضوء ما سبق يمكن القول في ضوء نظرية الهدف المعدلة - إن الحصول على مستويات مرتفعة من كلا الهدفين: التوجه نحو التعلم والدرجة، قد يكون له أثر إيجابي على العملية التعليمية والطموح المهني للأفراد.

أما من حيث ما يتعلق من مكونات التوجه نحو الهدف نجد أن (**Meece,Blumenfeld & Hoyle**) يذكرون أن التوجه نحو التعلم يجعل الطلاب أكثر مشاركة في الجوانب المعرفية لأنشطة التعلم حيث يتم ذلك عن طريق استخدام استراتيجيات معرفية وما وراء معرفية كإستراتيجية التنظيم الذاتي (التعلم الذاتي الموجه).

وفي حال فشل الطلاب الموجهين نحو اهداف الدرجة (الأداء) - في استخدام استراتيجية ما وراء المعرفة - فإنهم يلجاون إلى عزو فشلهم إلى ضعف وانخفاض قدرتهم، وبالتالي فإنه يتوقف عن: محاولة الاستمرار في المهام المطلوبة منهم والتغلب على الأخطاء، ومن ثم يؤثر هذا الفشل سلبا على توقعاتهم عن النجاح في المستقبل.

وفي مقابل ذلك يذكر (**Roedel Schraw & Plake**) إن طلاب أهداف التوجه نحو التعلم عندما يواجهون هذه الصعوبات فإنهم يميلون إلى تغيير هذه الاستراتيجية المستخدمة، ومن ثم زيادة الجهد والمثابرة وعلى هذا يمكن وصفهم على انهم من ذوي الحاجات المرتفعة إلى الإنجاز المهني والأكاديمي. (مرجع سابق،1993،ص259-260)

بعض التطبيقات على مهارات التفكير الموجه:

نتناول بعض الأمثلة على مهارات التفكير الموجه معتمداً في تقديم الأمثلة على كتابي (جروان 1999،وجمال علي 2005) لتكون بمثابة تدريبات يستنير من خلالها الطلبة على كيفية تطبيق تلك المهارات على النحو التالي:

1) أولا: قياس مهارات التفكير الاستدلالي.

1 ـ قياس مهارات الاستدلال اللفظي:

وتتمثل هذه المهارات في الأداء العقلي الذي يتصل بفهم معاني الكلمات والمادة المكتوبة والاستدلال على المعنى الصحيح لها، وتقاس هذه المهارات باختبارات مختلفة مثل اختبار معاني الكلمات.

أ ـ اختبار معاني الكلمات:

وهو يقيس مهارة المفحوص على فهم معاني الكلمات والاستدلال على المعنى الصحيح لها، وفيما يعطي المفحوص كلمة اصلية وبجانبها مجموعة من الكلمات الأخرى، ويطلب منه ان يختار من بينها أقرب الكلمات معنى إلى الكلمة الأصلية، ويتم ذلك عن طريق اختيار أقرب الكلمات معنى إلى الكلمة الأصلية، مثل:

الكلمة الأصلية:

أبله:	عاقل	حكيم	عبيط	مجنون
الكلأ:	العشب	الماء	الحيوان	الشجر
وقور:	محترم	رزين	مؤدب	مهيب

ب ـ اختبار التصنيف:

ويعتمد على قياس المفحوص على فهم معاني الكلمات والاستدلال على وضع الكلمة في المكان الذي يناسبها، وفي هذا الاختبار يعطي المفحوص ثلاثة قوائم من الكلمات في القائمة الأولى مجموعة من الكلمات تشترك في خاصية واحدة من حيث معناها، وفي القائمة الثانية مجموعة من الكلمات تشترك في خاصية أخرى مختلفة عن القائمة الأولى، اما القائمة الثالثة مجموعة من الكلمات، بعضها ينتمي إلى فئة كلمات القائمة الأولى وبعضها ينتمي إلى فئة كلمات القائمة الثانية، ويتطلب من المفحوص أن يضع أمام كل كلمة من كلمات القائمة الثالثة رقم الفئة التي تنتمي إليها القائمة الأولى أم الثانية.

مثال تدريبي:

ضع أمام كل كلمة من كلمات القائمة (3) رقم القائمة التي تناسبها من القائمتين (1) أو (2) فيما يلي:

القائمة (1)	القائمة (2)	القائمة (3)
خبز	مكتب	سرير
لحوم	منضدة	موز
برتقال	دولاب	قمح
		كرسي
		جبن

ج ـ اختبار الأمثال:

وفيه يقدم للمفحوص مثل شائع وبعده أربع أو خمس عبارات، ويطلب منه وضع علامة (/) امام العبارة التي تعطي معنى هذا المثل، حيث يستخدم

المفحوص مهاراته في الاستدلال على العبارة التي تعطي نفس معنى المثل المقدم إليه.

مثال تدريبي:

(معظم النار من مستصغر الشرر)

- لا دخان بدون نار. ( )

- حيث يوجد عشب يوجد ماء. ( )

- لكل نتيجة سبب. ( )

2 ـ قياس مهارات الاستدلال في إدراك العلاقات اللفظية:

ويتمثل في إدراك العلاقات بين الألفاظ، ويقاس باختبارات مختلفة، مثل اختبار التماثل (التناظر)، واختبار التشبيهات.

أ ـ اختبار التماثل (التناظر):

وفيه يقدم للمفحوص مجموعة من البنود كل بند منها يتكون من جزئين، الجزء الأول يتكون من كلمتين بينهما علاقة معينة، والجزء الثاني يتكون من كلمتين أيضا بينهما علاقة مشابهة للاولى، وتقدم الجملة الثانية للمفحوص ناقصة الكلمة الأخيرة، وعليه أن يستدل ويكتشف ويدرك العلاقة الموجودة بين كلمتي الجزء الأول من الجملة، لكي يكمل الجزء الثاني من نفس الجملة بناء على نفس العلاقة.

مثال تدريبي:

أكمل الجمل الآتية بوضع كلمة في المكان الخالي:

ـ البصر للعين كالسمع.........................

ـ المتر للطول كالساعة.........................

ـ القدم للحذاء كاليد.........................

ب ـ اختبار التشبيهات:

ويعتمد هذا الاختبار على استدلال الفرد وإدراكه لتشبيهات معروفة، حيث يقدم للمفحوص مجموعة من الجمل الناقصة، ويطلب من إكمال كل منها بكلمة واحدة.

مثال تدريبي:

فيما يلي صفات تتشابه بتشبيهات معروفة، والمطلوب منك أن تكتب التشبيه المطلوب في كلمة واحدة تكمل بها الجملة.

ـ هذا الشاب ماكر مثل....................

ـ شعره أسود مثل....................

ـ هذا الرجل غبي مثل....................

3 ـ قياس مهارات الاستدلال العددي:

وتتمثل هذه المهارات في جوهرها على سهولة ودقة إجراء العمليات العددية، وفي الاستدلال الذي يتعلق باستخدام الأرقام، وإجراء العمليات الحسابية، والسرعة في حل المسائل المختلفة كالجمع والطرح والضرب وغيرها.

وتقاس هذه المهارات بعدة اختبارات منها: اختبار الجمع (القدرة على الإضافة العددية)، واختبار العلاقات المحذوفة (القدرة على إدراك العلاقات العددية)، واختبار الضرب الناقص والقسمة الناقصة (القدرة على إدراك المتعلقات العددية)، وفيما يلي بعض الاختبارات المتنوعة لقياس مهارات الاستدلال العددي.

أ ـ اختبار الجمع البسيط:

يتضمن مجموعة من عمليات الجمع البسيطة، ويطلب من المفحوص أن يقوم بفحص الإجابات الموجودة أمامه، وعليه أن يشير بعلامة (/) إذا كانت الإجابة صحيحة وعلامة (×) إذا كانت الإجابة خاطئة.

مثال تدريبي:

95	26	32	75
49	99	73	68
44	26	13	39
37	62	48	57
205	213	186	339

ب ـ اختبار التفكير الحسابي (الاستدلال العددي أو الحسابي)

ويتضمن هذا الاختبار مجموعة من العمليات والمسائل الحسابية، وفيها يطلب من المفحوص الاستدلال لاكتشاف الإجابة الصحيحة ، كما هو موضح في المثال التالي:

أ ـ حاصل ضرب 484 × 25 =

(10900)   (11100)   (11900)   (12100)   (لا شيء)

ج ـ اختبار الأعداد المحذوفة:

ويقيس مهارة الفرد على الاستدلال في إدراك المتعلقات العددية، وذلك عن طريق معرفة العدد الناقص في عملية حسابية مختلفة.

مثال تدريبي:

ضع العدد المناسب في المكان الخالي حتى يكون الناتج صحيحا:

ـ 27 ÷....... = 9

ـ 25 ×....... = 125

ـ 26 -....... = 20

د ـ اختبار العلامات المحذوفة:

ويقيس مهارة الفرد على الاستدلال في إدراك العلاقات العددية، وفيه يطلب من المفحوص أن يستدل ليكتشف العلامات المحذوفة في عمليات حسابية مختلفة:

مثال تدريبي:

ضع العلامة المحذوفة في العمليات الحسابية الآتية:

ـ 6......... 3 = 18

ـ 35......... 7 = 5

ـ 4......... 6 = 10

هـ ـ اختبار سلاسل الأعداد:

ويتضمن هذا الاختبار مجموعة من الأعداد كل مجموعة موضوعة في ترتيب معين، ويطلب من المفحوص دراسة كل مجموعة أو سلسلة من الأعداد على حدة، ليستدل على الرقم الناقص يكمل السلسلة.

مثال تدريبي:

اكتشف بمهارتك على الاستدلال العددي للقاعدة التي تخضع لها كل سلسلة، ثم تكتب الأعداد الناقصة:

3	6	9	---------------	15	18
18	16	14	12	---------------	8

و ـ اختبار سلاسل الحروف:

وضع هذا الاختبار هنا تحت التصنيف السابق لأنه يشبه إلى حد كبير الاختبار (هـ) أي يحمل نفس الفكرة في قياس مهارات الاستدلال من سلاسل الحروف.

ويتضمن هذا الاختبار مجموعات من الحروف الأبجدية كل مجموعة موضوعات في ترتيب معين، ويطلب من المفحوص أن يدرس كل سلسلة على حدة ليكتشف الطريقة التي وضعت بها، ثم يكتب الحرف التالي لآخر حرف بحيث يحافظ على الترتيب الموجود في السلسلة.

مثال تدريبي:

اكتشف القاعدة التي تخضع لها كل سلسلة ثم تكتب الحرف الناقص:

- أ ب م ت م ج ح م خ د م.................

- أ ب ت ث أ ب ت ج أ.....................

- أ ب س ت ث س ج ح س.................

4 - قياس مهارات السرعة والدقة في الأسماء والأعداد والأعمال الكتابية:

تستخدم اختبارات مقارنة الأسماء والأعداد والشطب لقياس مهارات السرعة والدقة في الاستدلال على الحلول الصحيحة في بعض القدرات كالكتابة العددية...... الخ.

مثال تدريبي: اختبار الشطب:

يتضمن هذا الاختبار صفحة من الحروف الأبجدية رتبت بشكل عشوائي، ويطلب من المفحوص في خلال زمن محدد أن يشطب من بينها حروفا معينة.

مثال:

اشطب على (م، س، ع، ص) فيما يلي:

س، ب، أ، ض، ش، غ، ص، م، ن، ع، ل، ك، ف

قياس مهارات التفكير الناقد:

يذكر فتحي عبد الرحمن أن الدراسة النفسية في مجال التفكيرالناقد قد اوردت بعض الخصائص للشخص المفكر الناقد أهمها، ما يلي:

1. منفتح على الأفكار والخبرات الجديدة.

2. يستخدم مصادر علمية موثوقة ويشار إليها.

3. يفرق بين الرأي والحقيقة.
4. لديه حب الاستطلاع.
5. يتأنى في إصدار الأحكام
6. يعرف المشكلة بوضوح.
7. يبحث في الأسباب والأدلة والبدائل.
8. الموضوعية والبعد عن الذاتية.
9. يتسائل عن أي شيء غير مقبول.
10. يعتمد على الطريقة المنظمة في التعامل مع المشكلات.
11. يعرف متى يحتاج إلى معلومات جديدة حول شيء ما.
12. يعرف الفرق بين النتيجة ربما تكون صحيحة ونتيجة لا بد ان تكون صحيحة.

ولقياس مهارات التفكير الناقد سوف يعرض عليك دراسة علمية، وعليك أن تنقدها ضمن المعايير السابقة، مع تحقيق الابداع لديك في الكشف عن معايير أخرى، وذلك ممكن.

الدراسة

كشفت إحصاءات مصرية حديثة أن هناك (240) متزوجة يتعرضون للطلاق يوميا، اي انه توجد مطلقة كل (6) دقائق، وقد ورد في الإحصائية الصادرة مؤخرا عن الجهاز المركزي للتعبئة والإحصاء في مصر أن عدد المطلقات (2,459,000) مليون مطلقة.

وأكدت الدراسة التي اوردت بعض تفاصيلها صحيفة الرأي العام الكويتية أن (34,5 %) ينفصلن في السنة الأولى، وأن (12,5 %) ينفصلن في السنة الثانية، و (40 %) من حالات الطلاق تكون في سن ثلاثين.

وجاء في التقرير أن الأسباب التي تؤدي إلى الطلاق متعددة من أهمها الزواج المبكر وما ينتج عنه من عدم استقرار وبالتالي زيادة تصاعد حدة التوترات بين الزوجين ومن الأسباب التي اوردها التقرير صعوبة التفاهم بين الزوجين وكثرة تدخل الأهل والأقارب في شؤونهما الزوجية واستمرار بعض الخلافات التي سبقت الزواج إلى ما بعد الزواج؛ كالخلاف على قيمة المهر والمؤخر والشبكة وتأثيث الشقة والهدايا والاستعداد للزفاف، ومن الأسباب التي تمت الإشارة إليها اكتشاف ميل أحد الزوجين لإختلاق النزاع والمشاجرات، وكذلك تأخر الحمل والإنجاب مما يزيد من حدة التوترات والخلافات بين الزوجين وتدخل الأخرى في شؤون حياتهما مما يؤدي إلى احتمال حدوث الطلاق.

و كشفت الاحصائيات أن (61 %) من المطلقات هن من بدأن التفكير في الطلاق قبل أزواجهن، وكشف التقرير أن (6,5 %) من المطلقات أصحاب فكرة الطلاق لديهن هم أهل الزوج، وأن (5,3 %) من المطلقين أصحاب

فكرة الطلاق لديهم هم اهل الزوجة، وأن (42 %) مـن حالات الطلاق لا تكون عـادة للعجز وعدم قدرة الزوج للوفاء باحتياجات أسرته المادية والاقتصادية، وأن (25 %) من حالات الطلاق تحدث بسبب تدخل الأهل والأقارب، وأن (12 %) للسلوك الشخصي لأي من الزوجين نظرا لسوء الخلق والتعدي بالسب والقول والفعل والضرب، وإدمان الزوج للمخدرات والاختلاط بأصدقاء السوء.

وحول أسباب زيادة نسبة السيدات اللاتي يفكرن في الطلاق جاء في الإحصائية إلى أن اهم هذه الأسباب هـي التحولات الإجتماعية الجديدة سواء علـى المسـتوى المحلي أو العـالمي، بالإضافة إلى رؤية المرأة لحقوقها وخاصة التعلم الـذي أيقـظ عندها وعيها بحقوقها ومسؤولياتها وفرصها في الحياة وإدراكها للضغوط الواقعة عليها، وكذلك لإدراكها بحقوقها سواء الاجتماعية والقانونية مما أدى ـ كل هذا ـ إلى تغيير نظرتها إلى الطلاق.

قياس مهارات التفكير الابتكاري:

تستخدم عدة مقاييس واختبارات لقياس مهارات ومكونات التفكير الابتكاري منها:

1) اختبار إنتاج الكلمات:

ويقيس هذا الاختبار مهارة المفحوص على إيجاد أكبر عدد من الكلمات التي تبدأ بحرف معين، أو تنتهي بحرف معين.

مثال تدريبي:

— اكتب أكبر عدد من الكلمات تبدأ بحرف (م)

ــ اكتب أكبر عدد من الكلمات تنتهي بحرف (س)

ــ اكتب أكبر عدد من الكلمات تبدأ بحرف (ب) وتنتهي بحرف (د)

2) اختبار المترادفات:

وفيه يطلب من المفحوص كتابة كلمات لها نفس المعنى لكلمة معطاة له.

مثال تدريبي:

في كل سطر كلمة واحدة، المطلوب منك أن تكتب امامها ثلاثة كلمات لها نفس المعنى:

صغير: .... ــــــــ

شجاع : .... ــــــــ

ثري: .... ــــــــ

3) مثال الأضداد:

وفيه يطلب من المفحوص كتابة كلمات لها عكس معنى الكلمة المعطاة.

مثال تدريبي:

اكتب أمام كل كلمة من الكلمات الآتية كلمتين لهما عكس معنى الكلمة الأصلية:

ـ فقير: ....

ـ جاهل: ....

ـ كريم: ....

4) اختبار المقارنة اللفظية:

وفيه يطلب من المفحوص إنتاج أكبر عدد ممكن من الكلمات التـي تتكون مـن بعـض حروف هذه الكلمة.

مثال تدريبي:

اكتب أكبر عدد من الكلمات مستخدما الحروف الموجودة في الكلمات التالية:

ـ (متناقض): م ت ن ا ق ض

ـ (نافع): ن ا ف ع

ـ (خالد): خ ا ل د

5) قياس مهارات الطلاقة التعبيرية:

وتتضح هذه المهارات في القدرة على التعبير والقدرة على الخطابة، وتتضمن مهارة الفـرد على إنتاج حـديث متصل، ويمكـن قيـاس هـذه المهارات باختبارات مختلفـة منهـا: اختبـار التشبهات، اختبار تكميل القصص، اختبار تكميل الجمل.........

ففي اختبار تكميل القصص: تقدم للفرد قصة ناقصة بعض الكلمات ويطلب منه قراءتها ووضع الكلمات المناسبة المكملة للقصة في الأماكن الخالية.

أمثلة تدريبية:

أذكر أكبر عدد من الأفكارالمرتبطة بكل من الموضوعات التاليـة (في حـدود (10) أسـطر) لكل من الموضوعات التالية:

1. التعلم.

2. الزحام.

3. المواصلات.

6) اختبار الاستعمالات:

ويقيس مهارة الفرد على انتاج أكبر عدد من الأفكار المتنوعة وغير المألوفة لبعض الأشياء.

أمثلة تدريبية:

اذكر أكبر عدد من الاستعمالات غير المألوفة والممكنة (غير الاستعمال الأصلي للشيء) للأشياء التالية:

1. قالب الطوب.

2. علب المحفوظات الفارغة (التنكة).

3. دبوس المشبك.

4. الجرائد (الصحف).

الفصل الثالث
نظريات في التعلم و التعليم

الفصل الثالث

نظريات في التعلم و التعلم

تعريف التعلم:

اختلف علماء النفس في تفصيلات مفهوم التعلم، إلا أنهم اتفقوا على التعريف الرئيس كمفهوم الذي يتضمن أن التعلم تغير في السلوك، فإن كان مجال علم النفس، هو دراسة السلوك، فإن مجال التعلم العلم الذي يركز على التغير في هذا السلوك، لأننا نعرف ان بعض التغيرات في السلوك،يمكن ان ترد الى اسس النمو والتطور، لذلك فإن علينا ان نضيف الى التعريف السابق ما يجعله مختلفا عما ينتج عن عمليات النمو والتطور، لذلك فإن التغيرات المقصودة هي التغيرات في السلوك التي من المفروض ان تنتج عن ممارسة الخبرة، كما علينا ان نشير ايضا إلى انالا نعني التغيرات المؤقته لكننا نعني التغيرات التي تتميز بدرجة عالية من الثبات و الدوام. عند ربط هذة الأفكار معا. فإن تعريف التعلم يصبح تغيراً في السلوك (ناتجاً) عن الممارسة و الخبرة.

يلاحظ ان التعريف لا يذكر شيئا عن تغير السلوك في الإتجاه الأحسن او الأسوأ، لذلك فإن أي نوع من التغير في السلوك الناتج عن الممارسة و الخبرة يعدّ تعلما، وكما هو معروف ان الطلبة يتعلمون السلوك السيء او السلوك الخاطىء كما يتعلمون السلوك الصحيح، كما يتعلم الطلبة استجابات كثيرة اخرى بإضافةإلى ما يريد المعلم منهم تعلمه او ما خطط له.

ومن خلال استعراض التعريف تجد انه لا يوجد فيه ما يشير الى ربط التعلم بالتعلم المعرفي، كما اننا نتعلم الإتجاهات والعواطف والاحاسيس ونتعلم المهارات والحركات كما نتعلم الحقائق والمفاهيم والمبادئ لذلك فإن

التعريف يركز على جانب اكثر عمومية وواقعية لأنة يركز على أي تغير في السلوك ينتج عن الممارسة والخبرة.

أما فكرة أنت بما تتعلمه فإنها تركز على المعنى الحقيقي للتعلم لأنه يصعب ان نحدد أي مجال للسلوك الإنساني، لا يخضع لتأثير التعلم،أي ان الطفل لا يتعلم (2+2=4) ولكنه يتعلم ان يكرة العدوان كما يتعلم ان يحب الرياضيات ويتعلم أن يعجب بزميله الذي يتقن قذف الكرة في السلة ويعجب بصديقة الأخر الذي يستعمل الطرق المختصرة لتعلم الحاسب بشكل اسرع.

إن الملمح الرئيسي لهذا التعريف يؤكد على التغير في السلوك كدليل على حدوث التعلم بالفعل كما لا يستطيع المعلم ان يدعي بأن التلاميذ قد تعلموا بسبب العرض الذي قدمه، كما لا يستطيع المعلم ان يدعي بأن التلاميذ قد تعلموا لأنهم اجابوا اجابات صحيحة على ما قدم لهم، لأن التعلم يتضمن التغير في السلوك.

ان المعلم لا يستطيع ان يقول حقيقة بأن التعلم قد حدث ما لم يكن ذلك دليل على ان السلوك تغير كنتيجة للتعليم فإن أمكن للسلوك الناتج بعد المرور بالخبرة التعليمية بأن يظهر بشكل مختلف في وضع دائم نسبيا على ما كان عليه من قبل التعليم الذي تعرض له الطلبة فإن التعلم يكون قد حدث كنتيجة للتعليم. ان اختبارات اولية(قبلية) يقارنها مع الإختبارات التالية (بعدية) ليرى مدى التغير الذي حدث في سلوك الطلبة،وكما أنه يندر ان يكون لدى المعلمين برهان على ان السلوك قد تغير بسبب تأثير المعلم.(قطامي، 1998،ص13-14)

ويشير (أحمد عزت راجح في كتابه الضخم،أصول علم النفس) إلى أن التعلم: تغير في سلوك الفرد أو خبرته، أو تفكيره، أو شعوره، غير أن هذا التغير مشروط بالشروط التالية:

1. تغير ثابت يبدو أثره في نشاطات الفرد بحيث يجعل الفرد يميل إلى أن يعمل، أو يفكر، أو يشعر كما عمل أو فكر أو شعر من قبل.

2. هذا الثبات نسبي غير مطلق، إذ قد ينسى الفرد شيئاً قد تعلمه، و يتحور ما تعلمه، ويتحول في ضوء خبراته التالية.

3. تغير ينتج عن مواجهة الفرد موقفاً جديداً، وقيام الفرد بنشاط يكسبه قدرة جديدة (نشاط ينتج عن الممارسة، والتدريب، أو الملاحظة والمحاكاة.

4. ألا يكون هذا التغير نتيجة للنضج الطبيعي الذي تحدده الوراثة، أو نتيجة لظروف طارئة عارضة كالتعب والمرض، وبالتالي، فإن التعلم هو(تغير ثابت نسبياً في السلوك أو الخبرة ينجم عن النشاط الذاتي للفرد لا نتيجة للنضج الطبيعي أو ظروف عارضة) (أحمد عزت راجح،بدون سنة،ص 213- 214)

مفهوم التعلم كمفهوم افتراضي:

من تفحص تعريف التعلم، يلاحظ تعقد المفهوم الذي تم توضيحه، حيث يرى علماء النفس،أن مفاهيم مثل التعلم، والقلق، والخوف، والحافز، هي افتراضية ألفها علماء النفس ليصفوا الحوادث التي تحدث داخل الفرد، حيث أنه ليس هناك أدلة مادية محسوسة، تصف ما يحدث في السلوك، لذلك استخدموا تعبير التعلم كمفهوم، ليدل على التغير في السلوك. وقد استنتج

علماء النفس أن التعلم قد حدث، بملاحظ تغير السلوك، وهذا دليل التعلم باستخدام نفس الطريقة التي يستنتجها عالم النفس، حينما يرى شخصاً يعض أصابعه، أو يتكلم بصوت متردد، بقوله: الشخص قلق، ويمكن قياس ذلك التعلم، بقياسات التغير، تقدم بها الشخص، عن الحالة التي بدأ بها موقف العلم، فإن تقدم هذه القياسات تعتبر أدلة في تغير السلوك (أي التعلم).

يعرف كرونباخ التعلم بأنه ((أي تغير دائم نسبيا في السلوك نتيجة للخبرة))،ويعرفه ابو حطب علىأنه: ((تغير شبه دائم في الأداء تحت ظروف الخبرة او الممارسة أو تدريب.، اما رمزية الغريب ترى ان التعليم يعني(تعديلا لسلوك الكائن تعديلا يساعده على حل مشكلة صادفته ويرغب في حلها).(مرجع سابق1998،ص14-16)

من خلال ما تم عرضه، يمكن التوصل إلى وصف التعلم بما يلي:

1. ان التعلم تغير ويقصد بالتغير هو الانتقال من النقطه التي بدء بها المتعلم تعلمه، وفي هذا التغير ينتقل الفرد الى حاله جديده اكتسب فيها خبره جديده.

2. يوصف هذه التغير بأنه تغير دائم نسبياً في السلوك، لأن التغير المؤقت لا يشكل جزءا من خبرات الفرد ولا يحدث تغيراً.

3. التعلم يحدث تغير في السلوك أي انه اذا لم يظهر التغير في السلوك فإن ذلك لا يكون تعلماً ويمكن ان نلمح تاثير المدرسه السلوكيه في هذه الاتجاه حيث انهم لايرون التغير الذي لايخضع للملاحظة والقياس تعلماً، وهم يركزون بذلك على التعلم الاجرائي.

4. نلاحظ قصديه السلوك التعلمي، أي ان التعديل في السلوك يؤدي الى حل مشكله يصادفها سواء كانت المشكله بسيطه من نوع ترتيب المكعبات او معقده مـن نـوع حل المشكله.

وهناك عده عوامل تـؤثر في التعلم، وهـي: الاستعداد، والنضـج والدافعيـه والممـارسة والخبره. ويقصد بالإستعداد: الحالة التي يكون فيها المتعلم مستعداً إستعداداً عاماً أو خاصاً لتلقي الخبرة. (مرجع سابق،1998، ص 16)

نظريات علم النفس في التعلم:

1-سيكيولوجية الاشراط:

وتعني أي مثير محايد تصبح له القدرة على أن يستدعي نفس الاستجابةالتي يستدعيها المثير الطبيعي إذا اقترن بالمثير الطبيعـي لعـدد كبيـر مـن المـرات، ويسـمى هـذا المثيـر بالمثيـر الشرطي، وتسمى الاستجابة لهذا المثير الشرطي بالإستجابة الشرطية.

إن التعليم الشرطي الكلاسيكي يمكن أن يعرف على أنه: تكوين، أو تقوية الرابطة بين مثير شرطي واستجابة، وذلك من خلال تكرار تقديم المثير الشرطي مع مثير غير شرطي مـن عادتـه أن يثير الاستجابة المعينة. إن الاستجابة الأساسية للمثير غيـر الشرطي تـدعى استجابة غيـر شرطية، أما الاستجابة المتعلمة فتدعى استجابة شرطية، ويمكن توضيح ذلك كما يلي:

1. المثير الشرطي قبل عملية الاشراط: لا يثير استجابة محددة.

2. المثير الشرطي بعد عملية الاشراط: استجابة غير شرطية (نفس الاستجابة الواحدة).

3. المثير غير الشرطي: استجابة غير شرطية.

ولكون الاستجابة الشرطية شبيهة بالاستجابة غير الشرطية، فإن التعلم الشرطي من هذا النوع يعرف غالباً بأنه التعلم عن طريق تبديل المثير حيث يحل المثير الشرطي مكان المثير غير الشرطي في احداث الاستجابة المطلوبة. (عبد الرجمن عدس،1993،ص89-90)

ومما يلاحظ أن للاستجابة الشرطية خاصتين، وهما:

1. ليست هناك علاقة منطقية بين الاستجابة الشرطية والمثير الشرطي، فليست هناك علاقة منطقية بين سماع الكلب صوت جرس وافراز لعابه، أو بين سماع الانسان صوت جرس وضيق حدقة عينه.
2. أن الاستجابة الشرطية لا تحدث نتيجة تذكر أو تفكير، بل هي استجابة غير شعورية، فالطفل الذي أصبح يخاف من النار ليس في حاجة أن يتذكر خبرته الأليمة الأولى بالنار، والطالب الذي يستجيب للمثير (8 +32)بقوله (40) لا يحتاج إلى أن يتذكر خبرات الطفولة التي تعلم فيها هذه الاستجابة. (مرجع سابق، بدون سنة، 223)

مفاهيم التعلم الاشراطي:

- **التعزيز:**

يتضمن التعزيز الاشراطي مجيئ المثير الطبيعي بعد المثير الشرطي أثناء التدريب، وتعلم الاتجاه الشرطي.

- **الانطفاء:**

يتضمن تقديم المثير الشرطي باستمرار، ولمرات متتالية دون تقديم تعزيز، فإن الاستجابة الاشراطية تتلاشى تدريجياً، وفي النهاية تختفي.

- الاسترجاع التلقائي:

يتضمن تقديم المثير الشرطي للحيـوان، أو العضـوية، بعد فـترة راحـة، فـان الاستجابة الشرطية المتعلمة تعود للظهور مره أخرى.

- التمييز:

وهـي اسـتجابة شرطيـة متعلمـة تخـالف التعمـيم. الفرضية في تعلم هـذه الاستجابة الإشراطية تتضمن: ((أنة إذا ما قدم للعضوية عدد من المثيرات كانت قد اتبعت بتعزيز دون غيره من الاستجابات الشرطية الأخرى، فان العضوية تميل إلى اظهار تلك الاستجابة للمثير المحددالمعزز دون غيرة من المثيرات الأخرى)).

2- سلوكية واطسون:

يرى واطسون أن خصائص الإنسان وصفاته السـيكولوجية هـي نتـاج الـتعلم الاشراطي، ولذلك أعطى وزناً للعامل البيئي، وعارض التأكيد على عامل الوراثة في شرح خصائص الإنسـان، ويرى واطسون أن المهارات الحركية المركبة: كالمشيـ والجري هـي مـن المثيرات والاستجابات المرتبطة مع بعضها البعض، تعلمها الفرد بالطريقة الاشراطية التقليدية، وبذلك يتعلم الطفـل اللغة والكلام، وباستخدام نفس الطريق يمكن تحليل وفهم السلوك.

وتحدث عن الاستجابة المنعكسة،وهي استجابة لا شرطية، والمثير الـذي يثيره هـومثير لا شرطي أيضاً، وهذه العلاقة بين المثير الشرطي والاستجابة الشرطية تفسر بأنها فعـل مـنعكس، وبذلك تكون استجابات الطفل انعكاسـية، فيـتعلم الخوف مـن السـباحة بسـبب تحذيرات الوالدين، أو بسبب قصص الغرق،

ومن الممكن أن تستبدل الاستجابات غير المحببة لدى الطفل باستجابات محببة. (مرجع
سابق،1998، ص27)

الاتجاه الترابطي (المحاولة والخطأ) عند ثورندايك:

حاول ثورندايك تفسير عملية التعلم الانساني من خلال:

- قانون الأثر:الأثر الطيب يتبع تعلم رابطة، أما الأثر السيء فيتبعه نفور وألم،
  ومعنى ذلك أن الرابطة تتقوى إذا صاحبها حالة رضا، وتضعف إذا صاحبها حالة
  ألم أو خوف أو سخط.

- قانون الاستعداد: يتم الربط بين المثير والاستجابة بطريقة أفضل وأسهل إذا كان
  استعداد لدى المستجيب.

- التكرار أو التمرين: تكرار عملية الربط بين المثير والاستجابة يؤدي إلى تثبيت
  الرابطة، ومن ثم تعلم راسخ في نفوس الطلبة.

وظيفة المعلم في الصف وفق هذا المنظر:

من خلال ما تقدم في توضيح اتجاه ثورندايك، يمكن ان تتخلص وظيفة المعلم، في الصف
بما يلي:

- تقسيم موضوع التعلم الى العناصر الاولية.
- تحديد المثيرات المناسبة، لكل عنصر، مع اعتبار عدد كبير من الاتجاهات له.
- ترتيب عناصر ومكونات موضوع التعلم حسب تدريجها.
- تقديم العناصر والمكونات، بطريقة تسمح لحدوث الاستجابة الصحيحة.

- مكافأة الاستجابات الصحيحة، والتي اتبعت بتوجيه وارشاد من قبل المعلم مع اتباعها بمكافأة.

خصائص التعلم القوي:

من خلال ما تضمنته نظرية ثورندايك، يمكن استخلاص ملامح التعلم القوي، الذي هو هدف المعلم، والتعليم، والمنهاج التربوي، والفلسفة التربوية السائدة في المجتمع. فالتعلم القوي، هو التعلم النافع ويمكن تحديد ملامح التعلم القوي كالتالي:

- التعلم الذي يكون فيه الطالب مستعدا، استعدادا عاما واستعدانا خاصا.
- التعلم الذي يلائم نمو التعلم (استعدادا عاما)
- التعلم الذي تتوفر فيه لدى المتعلم المتطلبات السابقة، او القابليات الضرورية للتعلم التالي استعدادا خاصا.
- التعلم الذي يشبع ميلا لدى المتعلم، او يشبع حاجة حقيقية ملحة، او يحقق هدفا.
- التعلم الذي يصحب بأثر طيب، وبحالة سارة.

4- التعلم الاجرائي:

أول من أظهر هذا الاتجاه العالم سكنر، ويسمى البعض نظريته بالاشراطية الحديثة، أو السلوكية الحديثة، وقد تركزت كتابات سكنر، على الاشراط الاجرائي، وبرمجة التعليم، والتحليل التجريبي للسلوك.

وتقوم نظرية سكنر على أن الفرد يتعلم أي شيء إذا حـددنا لـه مكافأة على سـلوكه،أو تعلمه.

5- الاتجاه المعرفي في التعليم:

يركز علماء النفس المعرفي على دور المعرفة في التفكير والتعلم، حيث أن ما تعلمـه الفـرد سابقاً يحدد وبدرجة كبيرة ما يود تعلمه وتذكره في المستقبل(كيفية التعلم،وكيفية التعامل مع المشكلات من خلال عملية الادراك والإنتباه عن طريق الحواس، وفي هذا الاتجاه الحديث عـن الشبكات والمخططات (أشكال، رسوم، كلمات وجمل،والشبكات الافتراضية تمثل صـور تخـزين المعنى في الذاكرة.

الاستبصار عند الجشتالطت:

الاستبصار هو: الادراك الفجائي، أو الفهم الفجائي لمـا تنطوي عليه المشـكلة مـن دلالـة ومعنى بعد محاولات فاشـلة، وهـو إدراك فجائي لمـا بـين أجـزاء الموقـف الكلـي مـن علاقات أساسية، ومن خصائصه:

1. تتوقف قدرة الفرد على التعلم بالاستبصار على مستوى ذكائه، ومسـتوى عمـره وخبرته.

2. التعلم بالاستبصار تسبقه غالباً مرحلـة مـن المحـاولات والأخطـاء الذهنيـة لـدى الكبار، وربما لدى الأطفال أيضاً.

3. الفهم الذي يتضمنه الاستبصار قد لا يظهـر علـى نحـو فجـائي كـما تـدعي بـذلك مدرسة الجشتالطت، بل قد يكون هذا الفـه تـدريجياً، أمـا الاستبصـار الفجـائي فأجدر أن يسمى بالالهام، أو الاشراق . (مرجع سابق، بدون سنة، 254)

وقد تكلمت مدرسة الجشتالطت عن الإدراك الحسي- وهو مفهوم فلسفي طرقه الفلاسفة والمفكرون من قبل علماء النفس على وجه العموم، وهي عملية شعورية بالبيئة المحيطة بنا وبأنفسنا عن طريق تنظيم وتفسير الاحساسات المختلفة التي تمدنا بها حواسنا بحيث ندرك شيئاً منظماً له معنى، وندرك العلاقات بين الأشياء.

والادراك الحسي عملية مهمة في توافق الانسان مع البيئة المحيطة به، فهو يؤثر في انطباعاته كلها عن العالم الخارجي، وعن الناس وسلوكهم، وقد يدرك الأفراد المختلفون الموقف الواحد بطرق مختلفة، ولذلك يستجيبون له استجابات مختلفة، وهو يتضمن عمليات حسية ورمزية (صور ذهنية ومعاني يثيرها الاحساس) ووجدانية (حالة وجدانية عن الشيء مثل رغبة، كره، رضا، سرور)، ومن التنظيمات الادراكية:

1. **الشكل والأرضية:** الشكل هو الشئ المتماسك الذي له هيئة معينة بينما الأرضية هي الخلفية التي يظهر فيها الشكل، ونحن نميل إلى تنظيم المدركات البصرية التي نراها إلى شكل وأرضية، ولذلك ندرك الأشياء في تعلمنا في هيئة شكل أو جشتلطت جيد على أرضية.
2. **التقارب:** ما أدركناه وتعلمناه على هيئة شكل يكون وفقاً للتقارب الزماني والمكاني من خلال تكوين وحدات، أو مجموعات متقاربة.
3. **التشابه:**تؤلف الأشياء في كليتها أو جوهرها مجمعات إدراكية يسهل فهمها وتعلمها.
4. **الغلق:** ويعني ميل المتعلم إلى تعبئة الموضوعات الناقص، أو الفجوات في الخيارات غير المكتملة. (محمد نجاتي، 1979، ص230-235)

عملية التعلم عند بياجيه: هي دراسة التراكيب العقلية المعقدة من سكيمات بسيطة إلى سكيمات أكثر تعقيداً لمواجهة شروط البيئة، والوصول إلى التكيف، وهناك علاقة وطيدة بين النضج والسكيما حيث كلما وصل الفرد إلى النضج أدى ذلك إلى تعقيد السكيما، والمعادلات التالية توضح عملية التعلم، أو التفكير عند بياجيه:

التمثل + التنظيم = التلاؤم

التمثل + التنظيم +التلاؤم =التوازن

التمثل + التنظيم +التلاؤم+ التوازن=التكيف ز(مرجع سابق، 1991، ص70-71)

أوزبل وتعلم الحقائق:

أخذت نظرية أوزبل البنية المعرفية للفرد والعمليات العقلية، لذا جاء أوزبل بنمطه في تطور التفكير لزيادة فاعلية عملية معالجة المعلومات، والقدرة على استيعاب المعارف، وربطها فيما بينها في بنية كلية متكاملة.

وقد جاء أوزبل بفكرة المنظم المتقدم أو التمهيدي، وهو عبارة عن: معلومات تزيد من فعالية عملية التدريس، وخاصة فيما يتصل بمعالجة المعلومات وتذكرها استناداً إلى المعنى والخبرة، وأيضاً يعرف المنظم المقدم بأنه: ما يقدمه المعلم للطلبة من مقدمة تمهيدية مختصرة متصلة بخبرات الطلبة السابقة لكي ترتبط بطبيعة الموضوع أو الموقف الذي يتعلمونه، وتشكل هذه المعلومات التي يقدمها المعلم لطلابه خلفية معرفية يبني عليها التلاميذ المعارف الجديدة.

ويرى أوزبل أن المادة التعليمية تتكون من مجموعة مفاهيم أساسية يمكن تعلمها من قبل المتعلم حيث يمكن تحويلها إلىأفكارأو معلومات يخزنها المعلم،وتصبح الخبرة ذات معنى إذا اندمجت وتكاملت في خبرة الفرد، والتي

تسمى بالخبرة المعرفية للمتعلم، ولذا تتكامل مع الخبرات والمعاني والحقائق الأخرى بعلاقة، ويحدد أوسوبل أربعة أشكال للتعلم، وهي:

- تعلم استقبال ذو معنى

- تعلم اكتشافي ذو معنى

- تعلم استقبالي حفظي

- تعلم اكتشافي حفظي. (مرجع سابق، 1991، ص85)

أثر تطوير التمثيلات المعرفية في تعلم التفكير:

1. مرحلة ما قبل المفاهيم، وتمتد من سن (2-4) سنوات، حيث يمثل الطفل المفاهيم بشكل متغير، وليس بشكل ثابت، ولا يصل الطفل إلى مفهوم تمثيلي ثابت للمفاهيم.

2. مرحلة التفكير الحدسي، وتمتد من سن (4-7) سنوات، حيث لا يتم في هذه المرحلة تفسير الطفل للظواهر، أو تمثله لها بشكل علمي منطقي.

3. مرحلة التفكير المادي من خلال التفاعل والتجريب والعمل ضمن سياق البيئة الاجتماعية، أو الفيزيائية للطفل .

ويتم تنمية التفكير المنطقي للأطفال، لا سيما تنمية التفكير العملي، عن طريق تهيئة الظروف المناسبة (وجهة نظر سلوكية)، وتناسقها مع طبيعة المرحلة العقلية التي يمر فيها الأطفال (وجهة نظر معرفية). (مرجع سابق، 1991، ص91)

من خلال ماسبق،نلاحظ أن تفكير الانسان يذهب إلى الأسلوب أو الطريقة التي يعالج بها المعلومات والمعارف التي يكتسبها أثناء تفاعله مع الخبرات، ولـذلك فإن فلسفة التفكير متباينة ومختلفة لدى الأفراد، وقد راينـا أن البعض ذهب إلى أن نمط التفكير متعلم، ويتم تطويره من خلال الاشراطات التي يواجهها الانسان في البيئة أو الحياة، وتصبح لديه إشراطات محفوظة يستدعيها عندما يواجه المثيرات، وهذا يمثل اتجاه بافلوف، وأما نمط التفكير الـذي يتم تعلمه من أجل السيطرة على البيئة المحيطة بكل ما يحيط بالفرد يمكن التحكم به، وهذا اتجاه سكنر الذي يؤمن بأن كل شيء يمكن تعلمه، لذلك يمكن القول أن نمط التفكير هو طريقة يستخدمها الانسان فيما يواجهه مـن مواقف ومثيرات كـان قد استخدمها الفرد في مواقف سابقة مشابهة، وثبتت صحتها وفعاليتها، وبالتالي أصبح يميل إلى تكرار استخدامها،وبالتالي تصبح سلوكاً دائماً لديه،وهذا من وجهة النظر السلوكية.

وأمـا نمـط التفكـير المحكـوم بعوامـل نمائيـة وبنائيـة ناتـج عـن الاتجاه المعـرفي في التفكير،ومتصل بخبرات سابقة، فهو تفكير حسي حركي عملي، ويكون مجرداً أحياناً.

وصفوة القول: أن أنواع التعليم التي أشرت إليه آنفاً، وهي التعلم الشرطي تؤكد علـى تنظيم السلوك على أساس من العادات، أو الـروابط (تعلـم آلي)، وهـي عبارة عـن أنواع مـن العلاقات بين المثير والاستجابة، وهؤلاء لا يهملون دور الفهم في عملية التعليم، إنهم يدركون وجـود المعنـى في العمليـات التعليميـة، ولكـنهم يؤكدون علـى أهمية المظاهر الخارجيـة،أو يشددون على أهميتها، بينما الطائفة الأخرى يؤكدون على أهمية الإدراك والاستبصار في عملية التعلم القائمة على الفهم والتفكير.

والسؤال الجدير بـالاهتمام، كيـف تحـدث عمليـة التفكير ضـمن النظريـة المعرفيـة أو الاتجاه المعرفي ؟

تحدث عملية التفكير نتيجة انتقال المعلومات عن طريق الحـواس الخمـس، وتنقل عـبر القنوات العصبية إلى الدماغ، ومن ثم يقـوم بمعالجتهـا عـن طريق البنـاء المعـرفي، وتنقـل إلى الذاكرة قصيرة الأمد، ومن ثم تحول إلى الذاكرة طويلة الأمد،و إذا كانت معلومات مهمة تحول إلى التخزين، وإذا كانت غير مهمة تحول إلى النسيان، ويتوقف ذلـك علـى كيفيـة تنظيـم المعلومات ونقلها بشكل جيد، فكلما كانت المعلومات واضحة ومنظمة يتم نقلها إلى الـذاكرة بشكل صحيح، ويتم تذكرها، وهناك مخزنين للمعلومات، يتكـون كـل مخـزن مـن عـدة أجـزاء لمعالجة المعلومات المختلفة، مثل مخزن اللغة أو المفردات، ومخزن القدرات الحركية، ومخزن للتعامل مع الموضوعات المختلفة.(مرجع سابق، 1991، ص17-18)

والدماغ هو المسيطر علـى بقيـة أجـزاء الجسـم إذ يقـوم بضبط العمليـات البيولوجيـة والسلوكية، ويعمل على معالجة المعلومات الخارجية والداخليـة وفقـاً لطبيعـة الوظيفـة. وإن تطور التفكير لا يكون إلا وفق عمليـة تفاعليـة بيولوجيـة وراثيـة مـع البيئـة الخارجيـة تقـوم بتطوير المعلومات وتعديلها بما يتناسب مع البنية الفكرية التي يمر بها الطفل، ولذلك فالدماغ هو المسؤول عن الفهم والاستيعاب، والإدارة والتحليـل،وهو المسيطر والمـتحكم بالإستجابات نحو البيئة الخارجية والتوصل إلى نتـائج، وهنـاك دراسـات قسـمت الـدماغ إلى قسـمين: أيمـن وأيسر، وأسندت كل قسم مهمات يقوم بها. (مرجع سابق،1991،ص98-99))

وينطلق (فيجوتسكي) في تفسير نظريته في النمو المعرفي عند الأطفال من أساس اجتماعي ثقافي، حيث أكد بأن للعادات والتقاليد والقيم الاجتماعية

دوراً أساسياً في التـأثير عـلى الجهـاز العصـبي والـدماغ، ومـن ثـم يتكون نمـط التفكير والقدرات العقلية.(مرجع سابق، 1991، ص100)

وجاءت نظرية التحليل النفسي لتؤكد التطور المعرفي بشكل أشمل من النظريات المعرفية الأخرى، فقـد أكـدت عـلى القـدرات العقليـة والنـواحي النفسـية كـالعواطف والأحاسـيس، وانطلقت من مفهوم ما قبل الشعور (لا يدركها الطفل) إلى مفهوم اللاشعور (خـبرات مكبوتـة يدركها الطفل) إلى مفهوم الشعور (يدركها الطفل)، وللنضج تأثير في التكيف العقلي الذي يـتم من خلال عمليات مختلفة، والشخصية تتكون من جوانب ثلاثة، هي:

- الأنا الأعلى: مجموعة العادات والتقاليد والقيم والمثل العليا التي يكتسبها الفـرد مـن المجتمع.

- الأنا: الضمير أو الوازع الداخلي للفرد، وهي التي تضبط السلوك.

- الهو: الجانب الغريزي عند الفرد، مثل مجموعة الغرائز البيولوجية الجنسـية وغيرهـا، وهذا الجانب بحاجة إلى تهذيب، ويهذب عن طريق الأنا والأنا الأعلى. (مرجع سابق، 1991، ص24).

قائمة المراجع

قائمة المراجع

المراجع باللغة العربية:

(1) القرآن العظيم، سورة الحشر، آية (7).

(2) أحمد عبد الرحمن وأخرون، (1987)، الفكر التربوي العربي الإسلامي (الأصول والمبادئ)، المنظمة العربية للعلوم والثقافة، تونس.

(3) أعضاء قسم علم النفس التربوي، (2003)، مبادئ علم النفس، كلية التربية، جامعة عين شمس، دار رؤوف للطباعو والنشر.

(4) أنورالشرقاوي، طلعت منصور، فاروق أبو عوف، عادل الأشول، (1989) أسس علم النفس العام، مكتبة الانجلو مصرية، القاهرة.

(5) جابر عبد الحميد، علاء كفافي، (1991)، معجم علم النفس وتاطب النفسي، دار النهضة العربية.

(6) جمال علي، (2005)، التفكير (المفاهيم، النظريات، المهارات، الاستراتيجيات، القياس)، مكتبة الرشد، الرياض.

(7) جودت سعادة، (2003)، تدريس مهارات التفكير، دارالشروق للنشر والتوزيع، عمان، الأردن.

(8) جودت سعادة، (2001)، صياغة الأهداف التربوية في جميع المواد الدراسية: كتاب الخمسة آلاف هدف، دار الشروق، عمان.

(9) جودت سعادة، (1999)، " التفكير الاستنتاجي في ميدان التربية والتعليم" مقالة منشورة في صحيفة القدس الفلسطينية، العدد (10873) بتاريخ 29-11-1999.

(10) جودت سعادة،، يوسف قطامي، (1996)، " قدرة التفكير الابداعي لدى طلبة جامعة السلطان قابوس " (دراسة ميدانية)، سلسلة الدراسات النفسية والتربوية الصادرة عن الجامعة، المحلد الأول، العدد الأول.

(11) خبراء التربية، (2008)، مهارات التعلم والتفكير والبحث، جامعة الملك سعود.

(12) زكريا الشربيني، يسرى صادق، (2000)، نمو المفاهيم العلمية لدى الأطفال، (برنامج مقترح وتجارب الطفل ما قبل المدرسة)، دار الفكر العربي، القاهرة.

(13) سهير محفوظ، (1985)، دراسة تجريدية في تعلم السلوك (حل المشكلة)، اطروحة دكتوراة، كلية التربية، جامعة عين شمس.

(14) سيد أحمد، فؤاد أبو حطب، (1978)، التفكير: دراسات نفسية، ط2، مكتبة الانجلو المصرية، القاهرة.

(15) عبد الرحمن عدس، (1993)، المدخل إلى علم النفس، ط 3، مركز الكتب الأردني، عمان، الأردن.

(16) عبد الهادي أبو زيد،(2002)، الخصائص النفسية للحدسين والاستدلالية من طلاب المرحاة الثانوية، رسالة ماجستير غير منشورة، جامعة عين شمس.

(17) عمانوئيل كنط، ترجمة: موسى وهبة، (بدون سنة)، نقد العقل المحض، مركز الانماء القومي، لبنان.

(18) عمر فروخ، (1981)، المنهاج الجديد في الفلسفة العربية،ط 2، دار العلم للملايين،لبنان.

(19) فتحي جروان، (1999)، تعليم التفكير، مفاهيم وتطبيقات، دار الكتاب الجامعي، العين، دولة الامارات العربية المتحدة.

(20) فريق خبراء التربية، (1430هجري)، مهارات التعلم والتفكير والبحث، الاصدار الرابع، جامعة الملك سعود.

(21) فؤاد أبو حطب، آمال صادق، (2000)، علم النفس التربوي، ط 6، مكتبة الانجلو مصرية، القاهرة.

(22) فؤاد أبو حطب، سيد عثمان، آمال صادق، (1999)، التقويم النفسي، مكتبة الاجلو مصرية، القاهرة.

(23) فؤاد أبو حطب، (1996)، القدرات العقلية، مكتبة الانجلو مصرية، القاهرة.

(24) مجدي عبد الكريم، (1996)، التفكير: الأسس النظرية والاستراتيجية، مكتبة النهضة المصرية، القاهرة.

(25) محمـد العمايـرة، (2000)، الفكـر التربـوي الإسـلامي، ط 1،دار المسـيرة للنشرـ والتوزيع، عمان، الأردن.

(26) محمـد نجـاتي، (1979)، علـم الـنفس في حياتنـا اليوميـة، مكتبـة علـم الـنفس، الكويت.

(27) محمود عمر، (1993)، توجهات أهداف طالبات الجامعة في علاقاتهـا في مسـتوى الطموح وعادات الاستذكار والتحصيل الأكـاديمي، مجلـة مكتبـة التربيـة، جامعـة عين شمس، العدد السلبع عشر.

(28) محمد مدين، (1992)، الحدس الخلقي: " مقال في مناهج البحـث الأخلاقـي، دار الثقافة للنشر، القاهرة.

(29) نادية السرور، (2000)، تربية المتميزين والموهوبين، دار الفكر للطباعـة والنشرـ عمان.

(30) نبيل عبد الهادي، يوسف شاهين، (1991)، تطر التفكير عند الطفل، ط1، عمان.

(31) وزارة التربيـة والتعلـيم في الأردن، (2008)، العلـوم الإسـلامية والتربيـة الإسـلامية للمرحلة الثانوية / الفرع الأدبي، ط1.

(32) وليم عبيد، (2000)، ما وراء المعرفة: المفهوم والدلالة، الجمعية المصرـية للقـراءة والمعرفة، العدد الأول، نوفمبر(1-8).

(33) واحات تربوية،(2002). www.e-wahat.8m.com.

المراجع باللغة الانجليزية:

(1)   1-Fisher.(1999)"Head start: How to develop your child mind. Available at: www.teaching thinking. Net. Thinking skills.html.

(2)   Glover.J.A.Ronniog, R, R. &Bruning, (1990) R.H. cognitive psychology for teachers, New York.

(3)   Lieberman M.D (2000), Intuition: A social cognitive neuroscience approach psychological Bulletin. Vol. 126, No.1, pp109-112.

(4)   Sternberg, Robert J. (1986).Intelligence applied: understanding and increasing your intellectual skills. New York.

(5)   Voss. G.F; reasoning in; corte.E. & weinbrt, F (1996): International psychology, pergamon, pp.464-467.

Printed in the United States
By Bookmasters